2017 中国国有林场发展报告

国家林业局

中国林业出版社

图书在版编目（CIP）数据

2017中国国有林场发展报告 / 国家林业局主编 . —北京：
中国林业出版社，2019. 5

ISBN 978-7-5219-0104-7

Ⅰ. ① 2…　Ⅱ. ①国…　Ⅲ. ①国营林场－经济发展－研究
报告－中国 -2017　Ⅳ. ① F326.2

中国版本图书馆 CIP 数据核字（2019）第 112208 号

出版：中国林业出版社（100009　北京西城区德胜门内大街刘海胡同 7 号）

E-mail：Lucky70021@ sina. com　**电话**：010 － 83143520

发行：中国林业出版社总发行

印刷：三河市祥达印刷包装有限公司

印次：2018 年 12 月第 1 版第 1 次

开本：880mm × 1230mm　1/16 开

印张：6

字数：120 千字

定价：68.00 元

《2017中国国有林场发展报告》

编辑委员会

主　任　张建龙

副主任　程　红　刘国强

委　员　马国青　隗合飞　闫　平

编写组

组　长　马国青

副组长　隗合飞　闫　平

成　员　郑欣民　杜书瀚　张　志　宋知远　张　静
刘　鹏　赵鹏武　姚启超　慕晓炜　涂　琼
邓立斌　邹全程　冯晓川　郭立新　崔雪晴
梦　莉　徐健楠　刘海令　郭丰毅　胡　彬

前　言

党和国家高度重视国有林场改革工作。2017年12月11日，中共中央政治局常委、国务院副总理汪洋出席在北京召开的全国国有林场和国有林区改革推进会并做重要讲话。汪洋副总理充分肯定近两年国有林区林场改革取得的显著成效，强调要增强“四个意识”，按照党中央确定的改革方案，强化落实责任，确保如期完成各项改革任务，为推动绿色发展、建设生态文明提供有力的制度保障；提出要勇于打好改革攻坚战，加快推进国有林区林场政、事、企分开，完善森林资源监管体制，转变林区林场发展方式，全面加强森林保护，改善林区林场基本民生；要求各地要认真对照党中央提出的目标和要求，梳理各项改革任务进展情况，加强对改革的督促检查，建立考核机制，鼓励先进，批评后进，确保改革扎实有序向前推进。

2017年是国有林场改革攻坚决胜年。各地按照省级和县级改革方案，锐意进取，攻坚克难，扎实工作，国有林场改革成效凸显。3776个国有林场基本完成主体改革任务，占全国国有林场总数的77%。3618个国有林场定性为公益事业单位，占基本完成主体改革任务国有林场总数的95.8%，人员编制经费按全额、差额拨款纳入财政预算，158个国有林场定性为公益性企业；进一步明确了国有林场保护培育森林资源、维护国家生态安全的功能定位。分离场办医院、学校等社会职能，国有林场代管的行政村（居委会、村民组）等全部移交地方政府。职工年平均工资达到4.5万元，比改革前提高80%，达到或接近当地社会平均工资水平；实现基本养老保险和基本医疗保险全覆盖；通过政府购买服务、提前退休、发展特色产业等妥善安置富余职工约7万人；初步建立以岗位绩效为主的收入分配制度和以聘用制为主的新型用人制度，实现由身份管理向岗位管理的转变。功能定位明确、人员精简高效，森林管护购买服务、资源监管分级实施的国有林场管理新机制初步形成。

国务院有关部门协同推进国有林场改革。2017年中央财政安排国有林场改革补助资金37.4亿元，比上年提高0.7亿元；安排国有林场天然林停伐补助资金45.9亿元。国家发展和改革委员会（以下简称国家发改委）印发《国有林场改革验收办法》；财政部、国家林业局联合印发《国有林场（苗圃）财务制度》（财农〔2017〕72号）；中国银行保险监督管理委员会（以下简称银监会）、财政部和国家林业局联合印发《关于重点国有林区森工企业和国有林场金融债务处理有关问题的意见》（银监发〔2017〕51号）；交通运输部派员赴山西省阳泉市专题调研国有林场道路情况，同意将国有林场道路按属性纳入相关公路网规划，交通部门给予资金支持。国家林业局党组高度重视，召开24次省级国有林场改革汇报会，实地调研50多个国有林场，掌握各地改革工作落实情况，针对问题研究提出对策措施；国家林业局国有林场和林木种苗工作总站在重庆市召开全国国有林场改革经验交流座谈会，部署2017年国有林场改革发展工作；国家林业局办公室印发《关于开展国有林场改革监测工作的通知》（办场字〔2017〕9号），选择河北、吉林、浙江、福建、江西、山东、湖南、广东、四川、甘肃等10个有代表性的省份，委托中国林业科学研究院（以下简称中国林科院）对国有林场改革情况开展重点监测。这些卓有成效的工作，有力地保障了国有林场改革顺利推进。

各地国有林场改革亮点纷呈。北京等23个省(自治区、直辖市)完成县级国有林场改革方案审批，各县依据改革方案，落实各项改革举措。安徽省各市、县（市、区）全部以党委、人民政府文件印发《国有林场改革实施方案》，将全省原有141个国有林场整合为100个，国有林场数量减少29%；编制印发《安徽省国有林场中长期发展规划(2017-2030年)》。广东、吉林、湖北、福建、重庆等省（自治区、直辖市）落实省级改革补助资金12.2亿元。重庆、山西等主动化解金融债务近2亿元。山西、青海、广东分别开展国有林场森林资源立法保护、管护绩效考评、林地落界确权等工作。北京制定政府购买服务定额标准和发展规划。浙江建立国有林场改革先进单位和个人表彰机制。广东组建省国有林场和森林公园管理局，多个市、县（市、区）成立专门的国有林场管理机构，编制国内首个省级层面的《国有林场和森林公园资源资产负债表》，构建广东省国有林场和森林公园森林资源资产负债框架体系，为开展国有林场场长森林资源离任审计奠定了基础。福建省人民政府第111次常务会议通过《福建省国有林场管理办法》，国有林场改革取得功能定位更准、财政经费更足、森林资源更多、管理体制更顺和经营机制更活5项重大突破。山西省有《山西省国有林场管理办法》《山西省国有森林资源监管办法》《山西省国有林场森林资源保护管理考核办法》《山西省国有林场森林资源有偿使用办法》《山西省国有林场森林经营制度》5个国有林场改革配套文件印发实施。吉林省编制部门批复设立吉林省国有林场管理总站。河南、湖北、广西、宁夏等省（自治区）林业主管部门成立国有林场管理处，强化国有林场改革的组织领导能力。

大力弘扬塞罕坝精神。习近平总书记对塞罕坝林场的感人事迹多次作出重要批示，明确指出塞罕坝林场是推进生态文明建设的生动范例，号召全党全社会坚持绿色发展理念，弘扬牢记使命、艰苦创业、绿色发展的塞罕坝精神，持之以恒推进生态文明建设。中央宣传部将塞罕坝林场作为生态文明建设重大典型，组织各大媒体集中开展林业有史以来规格最高、规模最大、影响最深的宣传活动。塞罕坝精神宣讲团在人民大会堂及9个省（直辖市）做了10场宣讲报告，全国上下掀起学习宣传塞罕坝精神的热潮，推动生态文明理念深入人心，全面彰显林业在生态文明建设中的重要地位，有力提升林业的社会影响力，广大林业干部职工深受鼓舞、倍感振奋；各级党委和人民政府及相关部门对林业、特别是国有林场的认识不断深化，全社会关心林场、保护生态的自觉性明显增强，改革发展氛围越来越好。

扎实推进森林资源保护经营。全面禁止国有林场天然林商业性采伐，保护发展森林资源。到2017年底，全国国有林场经营面积0.79亿公顷，其中林业用地面积0.63亿公顷，森林面积0.47亿公顷，森林蓄积29.6亿立方米，分别约占全国林业用地面积、森林面积和森林蓄积的25.2%、22.6%和19.6%。一些地方利用林地一张图、现代化手段强化森林资源保护管理。湖南省完成全省国有林场和森林公园森林资源监管平台系统建设，建立全省国有林场和森林公园“一张图”大数据中心；监管平台采集收录了各林场、公园森林资源信息、地理区域信息、经营管理信息，建立森林资源档案，实现管理、项目审批、监管信息化。推动改革先行地区建立以森林经营方案为核心的森林经营制度。至2017年底，全国2566个国有林场完成森林经营方案编制和修订，占国有林场总数的55.4%；山西、辽宁、黑龙江、福建、河南、重庆、新疆等省（自治区、直辖市）及中国林科院全面完成森林经营方案编制、修订工作。一些地方依据森林经营方案，培育森林资源，大力造林，抚育中幼林，建设国家储备林、珍贵树种基地。2017 年，国有林场完成造林更新和抚育面积分别比 2016 年增加 10% 和 13%，场外造林 12 万公顷。确定河北白洋淀上游、内蒙古浑善达克、青海湟水河 3 个规模化林场建设试点，规划建设规模 53 万公顷。广西壮族自治区重点抓好国家储备林、油茶、特色经济林、珍贵树种等四大商品林基地建设，种植火力楠、闽楠、红椎、香樟、格木、米老排等珍贵树种 3533 公顷，并集中打造一批森林景观精品；推广良种壮苗、配方施肥、无节良材培育等先进技术，速生桉年生长量达每公顷 45 立方米以上，杉木种植实现了速生丰产，年树高、胸径、蓄积量分别增长 2 米、2 厘米、2 立方米 / 亩*。

林业产业发展势头良好。大力推进苗木花卉、速生丰产林、经济林、林下种植、养殖等第一产业，板业等第二产业，森林旅游、森林人家等第三产业，增强国有林场经济实力。2017 年，全国国有林场种植业总收入 61.25 亿元，占国有林场营业总收入的 45.2%，营业利润 21.59 亿元，占总营业利润的 74.5%，是国有林场营业收入的主要组成。其中苗木销售收入 8.4 亿元，占种植业总收入的 13.8%，实现销售利润 2.31 亿元，比上年增加 1.01 亿元。养殖业营业总收入 1.3 亿元，占全国国有林场营业总收入的 1%；种养业初加工产品营业总收入 6.91 亿元，占全国国有林场营业总收入的 5%。原木产量 725.33 万立方米，木材销售收入 47.52 亿元，平均售价 599 元 / 立方米。全年“三剩物”及次小薪材加工产品营业总收入 18.25 亿元，占全国国有林场营业总收入的 13%。纤维板产量 60.49 万立方米，销售收入 10.25 亿元，平均售价 1237

* 1 亩≈ 666.67 平方米。

元／立方米。森林旅游、森林康养等新业态发展势头良好，国有林场特色产业粗具规模，全国2570个国有林场建立了森林公园，242个国有林场建立了湿地公园，2017年共接待游客8.3亿人次。

稳步推进国有贫困林场扶贫工作。加大对国有贫困林场政策、资金支持力度。2017年中央财政安排国有林场扶贫资金5.5亿元，比上年增加0.5亿元。国家林业局下发《关于进一步做好国有贫困林场扶贫工作的通知》（林场发〔2017〕25号），部署精准扶贫、精准脱贫等工作。国家林业局办公室印发《国有贫困林场扶贫工作成效考评办法（试行）》，对国有贫困林场扶贫工作首次实施绩效考核评价。实施精准帮扶，针对859个贫困林场建立帮扶项目872个，落实省级配套资金7544.2万元，市、县（市、区）配套资金2237.84万元，林场自筹10312.27万元，改善工作用房、饮水、通电、通讯、道路交通等基础设施。依托资源优势，发展种植、养殖、森林旅游、森林康养、森林人家、林产品加工等林业产业，探索实践转型发展、精准扶贫、精准脱贫新模式。

强化生产生活设施建设。加大危旧房改造、管护站点用房、道路、水电等基础设施建设力度，林场场容场貌、生产和职工居住条件得到有效改善。2017年，全国国有林场新建和维修改造林场场部、分场、管护站（所）危旧房11557户；中央投资3亿元，在内蒙古、江西和广西3省（自治区）启动国有林场管护站（点）用房建设试点；完成新建、硬化、维修林区道路12434.25千米，架设电力设施2744.64千米；通过打机井、修建泵房、蓄水池、铺设输水管道、自来水改造、净化水设备、防渗渠、引水管线、闸压井、建涵洞等解决饮水安全和饮水困难人口96812人。

组织培训、竞赛等系列活动。加强能力建设、典型示范带动作用，激发改革发展正能量。国家林业局国有林场和林木种苗工作总站会同国家林业局管理干部学院，举办5期国有林场场长和市、县（市、区）林业局长培训班，培训基层骨干600多人次；国家林业局联合中国农林水利气象工会全国委员会成功举办以“学习党的十九大和塞罕坝精神，大力推动国有林场改革攻坚”为主题的“良风江杯”全国国有林场思想政治工作演讲大赛，52名参赛选手讲述精彩的改革故事；国家林业局联合中国就业培训技术指导中心、中国农林水利气象工会全国委员会在山西省黑茶山森林管理局成功举办以“展示技能风采、激发改革动力”为主题的“2017年中国技能大赛——全国国有林场职业技能竞赛”，33支省级代表队、99名参赛选手取得优异成绩。组织开展“国有林场改革典型案例”征集活动，征集评选100个具有代表性的国有林场改革典型，发挥其在改革攻坚中的示范引领作用。辽宁省大连市金州林场牛角山分场、浙江省淳安县林业总场姥山分场、湖北省红安县老君眉茶场茶叶制作车间获得中华全国总工会授予的“全国工人先锋号”称号。国家林业局副局长刘东生在京接见了3个获奖集体代表，要求全国林业系统、特别是国有林场广大干部职工以他们为榜样，大力弘扬拼搏精神、创新精神、工匠精神，为国有林场改革发展出力献策，建功立业。

编者

2018年12月

目　录

第一章 国有林场改革

2017年是国有林场改革攻坚决胜的一年，3776个国有林场基本完成了改革主要任务，占全国总林场数量的77%；3618个国有林场被定性为公益事业单位，占全部国有林场数量的95.8%。国有林场改革县级方案进展顺利，国有林场管理新体制基本建立。国有林场改革配套政策不断完善，取得重要进展。

一、国家林业局开展国有林场改革监测工作

2017年1月，为跟踪分析改革进展、总结推广成功经验、发现解决存在问题、科学评估改革成效，国家林业局按照中发〔2015〕6号文件* 要求开展国有林场改革监测工作，印发了《关于开展国有林场改革监测工作的通知》（办场字〔2017〕9号）。监测工作选择了河北、吉林、浙江、福建、江西、山东、湖南、广东、四川、甘肃等10个具有代表性的省份，对国有林场改革开展重点监测，其他省（自治区、直辖市）的国有林场改革监测工作由各省（自治区、直辖市）根据本地实际情况自行安排。

国有林场改革监测委托中国林科院，采取抽样问卷调研和现场核查相结合的方法，对改革进展情况、样本林场改革效果及职工满意度等内容进行跟踪监测，监测范围为所选取10个代表性省份。按林场总数的5%选取不同性质、不同管理层级的94个国有林场作为监测样本林场；在每个样本林场，按职工总数的5%选取样本职工；每个林场不低于10人。

监测结果显示，2017年，10省份国有林场改革均按照中央6号文件的要求大力推动，积极创新，锐意进取，各项任务进展顺利，且卓有成效。

* 即《国有林场改革方案》和《国有林区改革指导意见》。以下简称中央6号文件。

一是公益性改革方向坚持不变，公益一类林场数量持续大幅增长；二是林场管理机构职能与自身建制级别不断提升，话语权增强；三是地方政府改革主动性彰显，各级财政配套力度增加；四是职工收入和社保金额保持增长，社保覆盖面基本稳定；五是办社会职能剥离顺利，富余人员安置得当，购买服务与技能培训效果显著；六是贫困林场脱贫项目多样，前景明朗；七是森林资源稳中有升，生态功能整体增强；八是产业发展资金稳定投放，社会资本进入速度加快。

但跟踪监测中发现如下问题：人均管护森林面积持续增加，森林资源管护难度加大，风险事故发生率提高；非法征占用林地、林权纠纷和村民侵占现象依然存在，部分省份有加重趋势；林场后续开发受制于分配机制政策不明，干部职工缺乏激励，资源利用效率有待提升；林场新生力量供给不足，在职职工人数占比缩减，对未来发展形成掣肘；部分省份职工改革满意度继续下降，部分民生需求呼声强烈，为林场改革提出深化要求。

二、国有林场改革县级方案进展顺利

（一）国家层面

国家林业局党组高度重视国有林场改革工作，召开了24次省级国有林场改革汇报会、44次县（市、区）国有林场改革座谈会，实地调研了50多个国有林场，狠抓改革落实基本情况，有效推动了改革进程和主体责任落实。截至2017年3月31日，全国31个省（自治区、直辖市）的改革实施方案全部批复完毕，改革迈出了最主要的一步，进入了贯彻落实省级方案，编制县（市、区）级方案的新阶段。

2017年，北京等23个省（自治区、直辖市）已完成市、县（市、区）级国有林场改革方案审批，占全国总林场数量的74%；1532个县（市、区）已完成国有林场改革方案审批，占全部县（市、区）的90%；3776个国有林场基本完成了改革主要任务，占全国总国有林场数量的77%。相对2016年，国有林场改革的进展有了长足的发展。

（二）各地亮点

1. 安徽省

2017年1月，安徽省率先将各县（市、区）《国有林场改革实施方案》全部印发。全省各地按照省国有林场改革领导小组批复意见，全部以党委、政府文件正式印发了市、县（市、区）《国有林场改革实施方案》。其中马鞍山、滁州、宿州、黄山、淮南、铜陵 6 个有直属国有林场的市，分别以市委、市人民政府文件印发了《市属国有林场改革实施方案》；58 个有国有林场的县（市、区）以党委、政府文件印发了县（市、区）《国有林场改革实施方案》。

根据各市、县（市、区）印发的《国有林场改革实施方案》，各地在稳定现行隶属关系的基础上，根据机构精简和规模经营原则，对同一行政区域内规模过小、分布零散的多个国有林场进行整合，将全省原有 141 个国有林场整合为 100 个。各级党委、人民政府坚持生态保护优先，将国有林场主要功能明确定位于保护培育森林资源、维护生态安全，整合后的国有林场中，97 个被定性为公益性事业单位，其中 73 个定性为公益一类事业单位、24 个定性为公益二类事业单位，另有 3 个定性为公益性企业。各级党委、人民政府和林业等相关部门以“因养林而养人”为方向，科学核定国有林场人员编制，并聘用相应管理人员、专业技术人员和骨干林业技能人员，相关经费纳入同级人民政府财政预算，全省国有林场事业编制人数压减 45% 左右。改革后，国有林场原有医院、学校等全部分离，原国有林场代管的行政村（居委会、村民组）等全部移交地方政府；国有林场从事的经营活动均实行市场化运作，对商品林采伐、林业特色产业和森林旅游等暂不能分离的经营活动，均严格实行“收支两条线”管理；对公益林经营管护等实行财政投入购买服务机制。国有林场中公益林和天然林全面禁止商业性采伐，商品林商业性采伐从严编制采伐限额，逐年递减，确保林场实现可持续发展。

2. 北京市

2017 年伊始，北京市国有林场改革领导小组对全市 9 个有国有林场的区及 7 个市属国有林场的改革实施方案进行了批复，北京市全面进入了改革的组织实施阶段。北京市国有林场改革突出了六大特色：一是定属性，方案明确规定，全市国有林场为生态公益型林场，按照公益一类事业单位管理；13 个原为差额拨款或者自收自支事业单位的国有林场，将全部转换为公益一类事业单位，由财政实施经费保障。二是稳编制，全市国有林场总事业编制及各区国有林场总事业编制均不减少，各区根据所属林场实际情况，在编制总数内进行调剂。三是强管理，变更了名称或者改变了隶属关系的国有林场，重新规范名称为国有林场，并变更由园林绿化部门管理；国有林场较多的区园林绿化部门建立专门管理机构，原为内设机构的国有林场转换为事业法人单位；企业管理的林场交由园林绿化部门建立直属林场进行管理。四是增面积，将国有林场以外大片国有林及水库周边新造国有林，就近纳入国有林场范围，全市国有林场面积增加近10万亩；部分区尝试国有林场代管周边集体林，实施区域化管理和开发。五是保经费，出台国有林场森林管护定额制度，将中幼林抚育、森林防火及有害生物防治等方面的日常性管护经费纳入定额预算，由财政予以保障；编制全市国有林场发展规划，重点落实近5年基础设施建设内容，纳入市、区两级建设计划，加大投入、加强建设。六是事、企分开，国有林场所办企业与林场全面剥离，根据首都建设主体功能要求，对部分企业关停并转让，对其他企业整合重组、做强做优。

3. 宁夏回族自治区

2017年4月，宁夏回族自治区召开国有林场改革工作推进会，通报了全区国有林场改革工作进展情况，总结了改革过程中存在的问题。会议要求各市、县（市、区）要切实全面落实政府的主体责任，统筹安排，强化部门之间的协作与配合，分解任务，抓紧完善国有林场改革的地方配套政策。要主动破解制约国有林场改革的定性定编、资金预算、确权颁证等问题的束缚，尽快落实各项改革措施。加强督查和指导，确保事业编制、财政预算保障、基础设施资金、土地权属调整等工作顺利开展。

三、国有林场改革经验交流会

2017年4月，国家林业局国有林场和林木种苗工作总站在重庆市召开全国国有林场改革经验交流座谈会。全国29个省（自治区、直辖市）和新疆生产建设兵团国有林场管理部门负责人共50余人参加了会议。会议通报了全国国有林场改革进展情况以及2016年国有贫困林场扶贫工作成效考评结果，解读了《国有林场改革评估验收办法》，并对全国国有林场改革工作进行了全面总结，安排部署了2017年工作，突出强调要抓好方案落实、督促检查、政策落实、机制创新、自评自验、动态监测和典型宣传，推动改革落地生根。同时，为进一步加大国有林场改革典型的挖掘和宣传力度，充分发挥其在打赢国有林场改革攻坚战中的良好引领带头作用，国家林业局组织开展了“国有林场改革典型案例”征集活动。征集评选了100个具有代表性的市（地、盟、州）、县（市、区、旗）、国有林场层面的国有林场改革典型。

四、国有林场改革配套政策取得重要进展

（一）争取改革配套资金

2017年，落实中央财政国有林场改革补助资金37.4亿元，比上一年提高0.7亿元；国有林场天然停伐补助资金45.9亿元。山西、吉林、广东等省份安排改革补助资金20.7亿元，有力助推国有林场改革发展进程。

（二）国有林场法制建设取得新进展

国务院印发关于《全民所有自然资源资产有偿使用制度改革的指导意见》，要求研究制定国有林区、林场改革涉及的国有林地使用权有偿使用的具体办法。推进国有林地使用权确权登记工作，切实维护国有林区、国有林场确权登记颁证成果的权威性和合法性。严格执行森林资源保护政策，充分发挥森林资源在生态建设中的主体作用。

2017年4月28日国家林业局、财政部印发《国家级公益林区划界定办法》和《国家级公益林管理办法》，进一步规范和加强国家级公益林区划界定和保护管理工作，进一步加强了国有林场森林资源的培育保护工作。期间，海南省印发国有林场森林资源监督管理办法（试行），切实加强国有林场森林资源监督管理工作，规范监督管理机制，落实监督管理主体责任，增强森林资源监督管理效果。

《国有林场改革验收办法》已完成征求各部委和各省份的意见工作，国家发改委已起文会签国家林业局，目前已经印发实施。

（三）财务制度及金融债务处理意见出台

财政部、国家林业局联合印发了《国有林场（苗圃）财务制度》（财农〔2017〕72号）。银监会、财政部和国家林业局联合印发了《关于重点国有林区森工企业和国有林场金融债务处理有关问题的意见》（银监发〔2017〕51号）。财政部、国家林业局关于印发《林业改革发展资金预算绩

效管理暂行办法》的通知（财农〔2016〕197号）。

（四）山西省泉阳市国有林场交通建设纳入相关公路网规划

2017年4月，国家交通运输部综合规划司公路规划处一行5人深入山西省阳泉市专题调研国有林场道路建设情况。会同阳泉市人民代表大会常务委员会、人民政府、交通运输局、公路分局、林业局一起深入平定县国有林场、狮脑山林场，实地察看了赵家保护站、狮脑山林场场部以及两林场辖区内道路建设情况。

此次调研中召开“国有林场道路建设座谈汇报会”，省国有林管理局介绍山西省国有林场改革进展情况、林区道路发展现状、林区道路纳入相关道路网规划的工作进展、林区道路建设需求和近期建设重点、以及存在的困难与问题等。明确了国有林场道路建设在造林绿化、森林防火、苗木培育、森林旅游等方面发挥的重要作用，同意按照“国有林场改革方案”精神，将国有林场道路按属性纳入相关公路网规划，国家交通运输部给予投资支持。

五、改革取得明显成效

（一）国有林场改革总体业绩

到2017年底，通过国有林场改革，全国有3618个国有林场被定性为公益事业单位，占全部国有林场的95.8%，158个国有林场被定性为公益性企业，国有林场属性实现了科学界定。已核定和预计核定编制总数为21万左右，基本符合改革预期。职工平均工资达到了4.5万元，比改革前提高了80%，已达到或接近了当地社会平均工资水平。主要改革任务完成的国有林场实现了基本养老保险和基本医疗保险全覆盖。6.9万名职工通过森林管护、森林培育、发展产业等方式实现转岗就业。具体业绩体现在以下几方面。

第一，以保护培育森林资源为主要职责的国有林场管理新体制逐步建立。江西等6省份将832个国有林场优化整合为637个，减少23%；场均经营面积由6.9万亩提高到9.3万亩，提高了35%；事业编制由45194个核减为29981个，较改革前精简34%，实现了精简效能和保障有力的目标，有效推动国有林场将主要精力集中为森林培育保护的进程。

第二，国有林场民生明显改善。通过国有林场改革的实施，试点地区国有林场职工平均工资为4.4万元，比改革前提高了81%，接近或达到了当地同类单位平均水平；基本养老保险和基本医疗保险参保率均达到100%，较改革前提高了35%和42%；通过政府购买服务、提前退休、内部退养、发展特色产业等形式妥善安置富余职工约7万人。

第三，森林资源保护成效明显。改革期间，仅江西和湖南两省国有林场年均采伐量就从366.5万立方米减少到90.9万立方米，减少了75%。2016年全国国有林场的天然林商业性采伐全面停止，全年减少天然林消耗量556万立方米。

第四，林场发展活力显著增强。北京、广东等10省（自治区、直辖市）初步建立了以岗位绩效为主的收入分配制度和以聘用制为主的新型用人制度，实现了由身份管理向岗位管理的转变。国有林场造林抚育和森林管护等环节初步建立了社会化购买服务的机制。国有林场森林旅游等特色产业初具规模，全国有2570个国有林场建立了森林公园，242个国有林场建立了湿地公园，2017年共接待游客8.3亿人次，有力推动了绿色发展和脱贫致富。

（二）省级层面亮点突出

广东、吉林、湖北、福建、重庆等省（自治区、直辖市）已落实省级改革补助资金12.2亿元；宁夏出台了国有林场编制核定指导意见；重庆、山西等省份主动化解金融债务近2亿元，极大地减轻了国有林场负担；山西、青海、广东等省份分别开展了国有林场森林资源立法保护、管护绩效考评、林地落界确权等工作；北京制定了政府购买服务定额标准和发展规划，创新了国有林场发展机制；浙江建立了国有林场改革先进表彰机制，2016年11月28日对国有林场改革中涌现出的50个先进集体和100先进个人进行了表彰。

各省（自治区、直辖市）积极主动的助力国有林场改革：（1）部分省份明确或落实了省级改革补助政策或资金。广东省落实省级改革补助资金4.1亿元，湖北省计划一次性拿出2.48亿元用于国有林场改革补助，福建省明确省级财政每年安排1亿元支持省属国有林场改革。河北、山西等省也明确将安排部分省级改革补助资金。（2）积极化解债务。重庆市在国家没有出台债务化解的具体政策前，核销贷款7185万元，并解除了抵押关系，收回了抵押物，剩余3276万元债务解除抵押手续正在办理中，极大地减轻了国有林场债务负担。山西、宁夏也已摸清了林场债务底数，正在研究具体化解措施。（3）创新了资源保护、绩效考核等体制机制。山西省将《山西省永久性公益林地保护条例》纳入立法计划，初步计划划定永久性生态公益林5600万亩。青海省印发的《国有林场绩效考评办法（试行）》，首开全国国有林场绩效考评评比的先河，取得了显著成果。（4）推进了国有林场林地确权发证。广东省印发了《广东省人民政府办公厅关于加快推进国有林场林权确权发证工作的通知》，就推进国有林场林地、林木确权发证做出具体部署，提出明确任务和要求，强化了国有资源资产监管，切实维护了国有林场合法权益。青海省102个国有林场共计8102万亩林地已全部落界确权，并颁发林权证。（5）谋划落实国有林场基础设施建设政策渠道。宁夏自治区林业厅、发改委、财政厅印发了《关于开展全区国有林场基础设施建设情况摸底调查的通知》，对国有林场基础设施情况进行摸底，着手安排解决国有林场水、电、路等基础设施建设落后的问题。重庆市、青海省下发了《关于开展国有林场（区）道路基础数据调查的通知》，完成了国有林场道路基础数据调查，并纳入了全市（省）农村公路网建设规划，向交通部报送了《关于国有林场（区）道路相关情况的报告》。

同时，（1）大部分省份出台了省级改革实施方案：北京、山西等30个省（自治区、直辖市）党委、人民政府出台了省级国有林场改革实施方案，占全部省份的97%。（2）及时召开了改革启动会：广东、内蒙古等27个省（自治区、直辖市）以省政府名义召开了国有林场改革启动会，对改革工作做出了全面部署，占全部省份的87%。（3）浙江等4省份已完成了改革主体任务：浙江、江西、湖南3省通过改革试点已完成改革任务，并通过了国家验收。青海省已完成了国有林场定性、政事企分开等改革主体任务。（4）部分省区在林场优化整合、解决职工社会保障问题等方面取得重要突破：重庆、海南等省份解决了全部职工的养老和医疗保险，广西、宁夏等省份剥离了部分学校和医院，福建国有林场代管村已全部剥离。河南、湖北、广西、宁夏等省份林业主管部门成立了国有林场管理处，强化国有林场改革的组织领导能力。

（三）塞罕坝精神和事迹得到广泛传播

2017 年，塞罕坝精神在全国上下大力弘扬，国有林场改革发展氛围空前浓厚。塞罕坝先进事迹报告团在北京人民大会堂和全国 9 个省（直辖市）进行了 10 场巡回报告，塞罕坝林场成为生态文明建设的生动范例，并在国内外得到空前广泛传播和大力弘扬。国家林业局国有林场和林木种苗工作总站会同国家林业局管理干部学院，举办了 5 期国有林场场长和市、县（市、区）林业局长培训班，培训基层骨干 600 多人次，为改革提供了有力的能力支撑；国家林业局联合中国农林水利气象工会成功举办了“良风江”杯“学习党的十九大和塞罕坝精神、大力推动国有林场改革攻坚”为主题的全国国有林场思想政治工作演讲大赛，52 名参赛选手讲述了精彩的改革故事，激发了改革正能量；国家林业局联合中国就业培训技术指导中心、中国农林水利气象工会在山西省黑茶山林管局成功举办了以“展示技能风采、激发改革动力”为主题的“2017 年中国技能大赛——全国国有林场职业技能竞赛”，33 支省级代表队、99 名参赛选手参加了天然林抚育和林分调查技能项目的激烈比拼，取得了优异的成绩，展示了广大干部职工锐意改革、追求精致的良好风貌。

（四）国有林场改革典型案例

1. 浙江省宁波市率先完成国有林场改革

国有林场改革进程中，浙江省宁波市率先完成国有林场改革，全市国有林场由 10 个变为 9 个，全部调整为公益一类事业单位，主要职责为建设管理国有生态公益林。

宁波市原有国有林场 10 个，总经营面积 28.1 万亩，其中林业用地面积 27.4 万亩，公益林占比为 93.8%，森林覆盖率 96%，每年产生生态效益 20 亿元。据介绍，近年来，中央和市、县（市、区）财政投入 2000 多万元，用于国有林场危旧房改造和道路、电力等基础设施建设，实现通场公路全部硬化，基本解决饮用水安全问题。51 个林区中，41 个已通路，41 个已通电。

宁波市整合重组理顺了国有林场隶属关系。改革后 9 个国有林场隶属林业部门管理。除奉化市林场外，都增挂“国有生态公益林保护站”牌子。按照市人民政府提出的“生态为先”原则，突出国有林场生态保护功能定位，国有林场全部调整为公益一类事业单位，国有林场事业经费纳入当地财政预算管理，事业经费从改革前的每年2000多万元增加到今后每年7000多万元，以保障林场职工的切身利益。

宁波市还创新了林场管理机制，把森林日常管护等生产性活动逐步推向市场。北仑区林场面向社会购买服务，由区保安公司负责森林日常管护，并把服务绩效与薪酬挂钩，每年开支40万元就可解决1.4万亩森林的管护问题。市林场通过压缩场部人员机构编制，把有限的人员配备到林区一线，突出了森林资源保护和监管。

2. 湖北省襄阳市国有林场改革实现了“六到位”

2017年2月，襄阳市直两个国有林场主体改革已完成，实现了“六到位”。

（1）改革实施方案编制及审批到位。在市直两个国有林场报送的改革实施方案的基础上，市林业局国有林场改革工作领导小组办公室编制了《襄阳市直国有林场改革实施方案》，历经市林业局党组扩大会讨论通过、市林业局党组成员会签、呈报市国有林场改革工作领导小组审查批准等程序，市林业局于2016年10月19日，以正式文件印发了市直国有林场改革实施方案。

（2）定性定编到位。市直国有林场沿用事业单位分类改革成果市机构编制委员会以正式文件分别将市国营林场、市试验林场（市林科所）界定为公益一类和公益二类事业单位，两个林场共核定事业编制102人，占在职职工总数的85.7%，其中市国营林场核定事业编制45人，市试验林场核定事业编制57人。

（3）财政支撑到位。2017年，襄阳市财政为两个林场预算事业经费为894.11万元（不含退休职工的个人部分），其中，市国营林场497.31万元，市试验林场396.8万元。同时，2016—2017年市财政分别安排44.88万元用于市国营林场岘山绿道保洁管理。2016年3月，市人民政府又将市国营林场的30千米岘山绿道列为城市建设项目，投资预算778万元，于当年12月19日开工。

（4）社会保障到位。两个林场204名职工分别参加了养老保险和医疗保险，职工老有所养、病有所医，无后顾之忧。

（5）林场管理到位。建立了绩效考核、森林管护等制度。按照事业单位分类改革要求，两个林场设置了管理岗位、专业技术岗位和工勤技能岗位的职数，已定岗到人。

（6）功能转换到位。林场全面停止了商品性木材采伐和非公益性经营活动，职能完全转变为以生态建设和提供生态服务为主。

改革期间，襄阳市直国有林场干部职工队伍稳定，没有出现因改革而引发的具有负面影响的群访事件；森林资源得到严格保护，确保了森林资源不被破坏、国有资产不流失；林场生产生活基础设施得以改善，职工收入逐年增加，职工对改革的获得感得到提升，呈现一派沐浴改革春风、兴业惠民的景象。

3. 吉林省国有林场改革取得阶段性进展

吉林省国有林场改革工作从 2016 年 6 月开始正式启动。全省国有林场改革将发挥生态功能、提供生态服务、维护生态安全确定为国有林场的主要功能和基本职能，作为推进国有林场改革发展的基本出发点，保生态、保民生，建立三大体制，即建立健全国有林场管理体制、森林资源监管体制和林业民生保障体制。到 2017 年 5 月，吉林省国有林场改革的顶层设计已全部明确，各项任务推进的时间表、路线图已十分明晰，国有林场改革已经取得了阶段性进展。

（1）强化了组织保障。吉林省人民政府成立了国有林场和国有林区改革领导小组，吉林省国有林场和国有林区改革领导小组办公室印发了《吉林省国有林场林区改革重点工作分工的通知》。市、县两级政府和林业部门也相应成立了改革领导机构。吉林省人民政府与各市（州）签订改革目标责任书，明确各级政府的主体责任。吉林省林业厅成立了林业三项重大改革领导小组，吉林省编制部门批复设立了吉林省国有林场管理总站。

（2）强化了宣传培训。印发了《国有林场改革资料汇编》《吉林省国有林场改革操作流程》；举办国有林场改革专题培训班，分层次进行培训，详解改革政策、标准和操作流程；建立改革专题网站和微信公众号，编发《改革动态》，使林场职工清晰明白改革进度、改革要求。

（3）出台了改革配套政策。省级相关部门研究财政补助、参加社保、缓收滞纳金和职工身份认定等改革配套政策，联合印发了《关于国有林场改革涉及几个具体问题的指导意见》。

（4）拨付了改革补助资金。一年中协调落实各类资金总额共达 23.7 亿元，有力保障了改革平稳推进。其中中央财政国有林场改革补助资金 11.1 亿元，中央财政天然林停伐补助 8.5 亿元，中央财政天然商品林管护费 0.6 亿元，中央财政国有贫困林场扶贫资金 0.5 亿元，省财政落实国有林场改革补助资金3亿元。

吉林省国有林场改革采取试点先行、分步推进的办法。公主岭市等13个县（市、区）先期开展改革试点工作，试点县改革方案已经全部批复，正在组织实施。各非试点单位也开展了职工身份认定、编制方案等改革准备工作。到2017年，已有42个县（市、区）完成县级职工身份认定工作。企业性质的国有林场职工养老保险欠缴部分已基本补缴到位，各试点县的县级方案正在印发执行。

4. 辽宁省国有林场改革惠及2.2万职工

辽宁省委、省人民政府与2016年2月出台了《辽宁省国有林场改革实施方案》。经过一年的改革实践，辽宁省国有林场改革已经取得阶段性成果，改革惠及林场职工2.2万多人。

到2017年3月，已有14个市55个县（市、区）183个国有林场完成了改革方案编制工作，其中有13个市49个县(市、区)170个林场的改革方案经批复已开始实施。按照要求，涉及改革的国有林场全部定性为公益型事业单位，并重新核定了林场事业编制，实现了社会保险全覆盖，国有林场遗留债务、富余人员、发展资金也得到同步解决。

通过改革，辽宁省国有林场重新核定林场事业编制9471人，人员和机构经费纳入财政预算。改革后富余的职工，全部通过安置实现了工作有岗不待业、收入保障不降低。在历史欠账方面，对国有林场拖欠的社保费一次性趸交，在职和离退休人员实现应保尽保。第一批70个国有林场拖欠的社保费2亿元已拨付市、县财政。

为确保国有林场改革平稳推进，辽宁省还注重在资金和政策上给予倾斜，5年之内在造林、森林经营、抚育、推广、扶贫等林业建设项目上予以优先安排。全省国有林场改革后，4年内可做到收支基本平衡，4年后可扭亏为盈并实现可持续发展。

5. 河北省国有林场主体改革已全部完成

河北省国有林场改革在各级党委、人民政府及各有关部门高度重视、密切合作、同心协力下，坚持保生态保民生方向，以破解“功能定位不清、管理体制不顺、支持政策不健全”改革难题为重点，以国有林场“定性、定编、定经费”制度设计为突破口，改革创新，稳步推进。到2017年底，全省147个国有林场主体改革任务已全部完成，取得明显成效。

全省147个国有林场中，143个明确为公益性事业单位，有4个林场仍保留企业性质，其中3个林场经费全部纳入财政预算，与公益性林场待遇相同；生态区位重要、林场数量多、资源规模大的地区，专门增设了国有林场管理机构，进一步优化了管理层级，其中张家口市将17个国有林场由市直管转为成立了正处级的国有林场管理机构。承德市53个林场中有35个由股级调整为副科级，丰宁县、隆化县设立了副处级国有林场管理处。

河北省在改革中科学合理设立岗位，共核定各类编制7716个，较改革前的8764个编制精简了12%，实现了“因养林而养人”和精简高效的改革目标；全省实行财政基本保证的林场数量达到了79个，财政保障比例在50%~99%的达到了61个；妥善安置了国有林场富余职工，将全部富余职工按照规定纳入城镇职工社会保险范畴，实行平稳过渡、顺利衔接，确保职工生活有保障。平泉市创新职工安置方式，将158名职工分流到乡镇林业站工作，转变为公务员身份，充实了基层林业部门力量，解决了林场改革编制难题。

6. 安徽省国有林场改革任务如期完成

安徽省国有林场改革在省委、省人民政府的领导下，按照省国有林场改革领导小组统一部署和要求，2017年12月上中旬，由省林业厅、省发改委、省机构编制委员会办公室（以下简称省编办）、省财政厅、省人力资源社会保障厅等单位参与，共同开展国有林场改革省级评估验收。在前期省委改革办委托第三方评估抽样的28个国有林场之外，随机抽取21个国有林场进行核查，覆盖有国有林场改革任务的15个市，通过查看现场、调阅档案材料、座谈交流、发放问卷调查等方式，对照省委、省人民政府印发的《安徽省国有林场改革实施方案》（皖发〔2016〕13号）确定的国有林场改革主要内容逐项评估验收。

评估验收结果显示，全省各地都已完成国有林场整合、定性、定编、岗位设置，政事、事企分开，妥善安置富余职工，落实财政预算和社保政策，创新监管体制和管护机制等任务，“保生态、保民生”两大改革目标初步得到实现。至此，全省国有林场改革任务如期完成。根据国家统计局安徽调查总队第三方评估显示：国有林场职工对改革的支持度高达98.89%，对改革成效的满意度达到86.53%。具体成果如下。

（1）完成国有林场整合工作。根据机构精简和规模经营的改革要求，将全省原有141个国有林场整合为100个，整合率达29%。经过整合，全省国有林场组织机构更加优化，单个林场经营规模明显增大，最大面积由之前0.5万多公顷扩大到1.1万多公顷；面积在0.67万公顷以上的大型国有林场实现零的突破，达到7个。

（2）完成国有林场定性定编工作。将国有林场的主要功能定位在保护培育森林资源、维护国家生态安全。全省整合后100个国有林场定职能、定机构、定编制的“三定”方案都得到市、县（市、区）编制部门批复，有97个林场被定为公益性事业单位，其中公益一类事业单位73个、公益二类事业单位24个，有3个林场被定为公益性企业。按照“因养林而养人”的原则，全省共核定国有林场事业编制4580名，较改革前压减了45%左右，达到了改革目标要求。

（3）完成岗位设置工作。按照人力资源和社会保障部、国家林业局印发的《关于国有林场岗位设置管理指导意见》，改革后的全省100个国有林场均已完成岗位设置，其中管理岗位数占15.2%、专业技术岗位数占42.2%、工勤技能岗位数占39.9%、后勤保障岗位数占2.7%，符合改革有关要求。

（4）完成富余职工妥善安置。按照“内部消化为主，多渠道解决就业”和“以人为本，确保稳定”的原则，妥善安置国有林场富余职工3700多人。其中：通过购买服务方式从事森林管护抚育占比16%，由林场提供林业特色产业等工作岗位逐步过渡到退休占比21%，通过加强有针对性的职业技能培训和鼓励引导职工转岗就业占比11%，符合条件自愿并经批准提前退休占比35%，经协商一致同意解除、终止人事劳动关系等其他方式安置占比17%。

（5）落实国有林场财政预算。全省2017年度市（县）财政用于国有林场人员和机构运转资金59422万元，是改革前的8.5倍。97个事业性质国有林场的人员和机构经费支出已全部纳入同级财政预算；通过政府购买服务的方式，3个公益性企业的国有林场森林管护经费支持政策得到落实。

（6）落实国有林场职工社保政策。全省已完成国有林场现有职工社保信息采集和上报工作，按省人社部门统一部署逐步录入信息系统。符合机关事业单位养老保险制度改革范围的，均纳入机关事业单位养老保险制度改革；将富余职工按照规定纳入城镇职工社会保险范畴，平稳过渡、合理衔接，确保职工退休后生活有保障；将符合低保条件的林场职工及其家庭成员纳入当地居民最低生活保障范围。全省国有林场职工养老保险和医疗保险参保率改革前分别为54.6%和56.3%，改革后做到应保尽保，实现了全覆盖。

（7）推进政事、事企分开。林业行政主管部门加快职能转变，落实了国有林场法人自主权，实行场长负责制。国有林场办社会职能得到剥离，全省8个县（市、区）11个国有林场原管辖的8所中小学、2所医院和24个行政村（居委会、村民组）等已全部移交所在地方政府；场办企业得到剥离；对林场商品林采伐、林业特色产业和森林旅游等暂不能分开的经营活动，严格实行“收支两条线”管理。

（8）创新监管体制和管护机制。省、市、县三级进一步强化对国有林场林地和林木资源的动态监管，完善国有林场森林资源保护管理实绩的考核，并将考核结果作为综合考核评价政府和有关部门主要负责人政绩的重要依据。在探索推进“林长制”过程中，各地将国有林场纳入“林长”的责任范围，压实压紧国有林场森林资源监管职责。创新并完善以购买服务为主的国有林场公益林管护机制，积极探索公益性企业林场发展新模式。

（9）编制实施国有林场中长期发展规划。省林业厅印发了《安徽省国有林场中长期发展规划（2017—2030年）》，围绕建设现代化国有林场的总体目标，按照经营管理科学、基础设施完备、森林优质高效、资源经营持续、林区和谐美丽的总体要求，将国有林场打造成为全省林业生态建设的示范区、林业经济发展的先行区、林业干部职工队伍精神风貌的展示区。

7. 福建省国有林场改革主体任务基本完成

2017年，福建省国有林场改革相关部门精心组织、协调配合、同心协力、攻坚克难，积极推进国有林场改革工作，实现改革主体任务基本完成。

（1）事业单位类别划分落实到位。省编办出台了《中共福建省委编制委员会办公室关于贯彻省属国有林场改革实施方案有关机构编制问题的意见》（闽委编办〔2017〕234号），对省属国有林场的整合优化、机构规格、领导职数、分类标准、编制核定等问题提出了明确意见。根据《意见》提出的标准，在整合的88个省属国有林场中，约2/3将被划为公益一类事业单位。县属国有林场由109个优化整合为45个，其中事业性质林场15个，界定为生态公益一类事业单位；其余的30个为公益型企业国有林场。

（2）事业编制核定及岗位设置基本完成。按照省编办《意见》提出的“核定编制不得超过现有编制的60%，管理人员、专业技术人员和工勤人员、生产工人的结构比例原则上按6:4核定”的要求，全省省属国有林场事业编制总数从7428人核减到4457名，其中管理和专业技术人员2674名、工勤人员和生产工人1783名。对在此次改革中出现的超编人员，实行退一减一，逐步消化。各地基本完成省属国有林场事业编制、领导职数核定和岗位设置、场级领导人选考核等工作。

（3）改革发展政策取得突破。国有林场立法工作取得突破。2017年9月30日，省人民政府第111次常务会议通过《福建省国有林场管理办法》，并于10月30日以省人民政府193号令公布，自2018年1月1日起施行。这是中华人民共和国成立以来福建省第一次专门针对国有林场颁发政府规章，为国有林场今后的建设发展提供了法律保障，是依法治场的重大突破。同时，积极做好学习宣传和贯彻落实工作，《中国绿色时报》、福建省林业厅门户网站、国家林业局信息网、中国林场协会信息、闽林信息、福建林业杂志、林业经济文摘以及福建林业官方微信等媒体都做了宣传报道，并印制1700册小册子发给各市和国有林场学习贯彻。

国有林场机构升格取得突破。经省编办批复，福建省洋口林场与来舟林业试验场、南平市郊教学林场整合优化后由副处级升格为正处级，南平、龙岩、泉州等市所辖的18个省属国有林场由副科级确定为正科级，至此全省省属国有林场的机构规格均在正科级以上，有效提高了国有林场的社会地位和协调能力。

争取政策性资金取得突破。南平市规划建设国家储备林质量精准提升工程，规划全市14个省属国有林场总投资25.4亿元，总规模87.36万亩，其中2017年任务9.72万亩、投资4.04亿元，申请国家开发银行项目贷款3.35亿元。到12月底已完成项目建设任务10.14万亩，占计划的104%。第一批贷款1.61亿元已到账，第二批贷款也将于近期到位，实现了政策性金融支持发展森林资源的突破。

剥离林场办社会问题取得突破。积极协调解决林场办社会等历史遗留问题。厦门同安汀溪国有林场和漳州漳浦中西国有林场的代管村已正式移交属地管理，福州闽侯南屿国有林场的代管村剥离问题也在积极协调中，全省国有林场代管村等办社会问题有望得到解决。

道路建设纳入地方路网规划取得突破。经统计，全省国有林场经营区内现有道路4472千米，其中已建成投入使用2971.9千米，已纳入地方公路网规划尚未硬化建设的621.7千米，其余878.8千米中，经积极协调，省交通厅已正式复函明确要求各地将其中的759.6千米纳入地方公路网规划，林区道路属性界定工作取得了实质性进展。

（4）森林资源“双增一减”任务有效落实。全省国有林场森林资源“双增”任务中，森林面积累计增加 14.84 万亩，蓄积量增加 413.06 万立方米。全年办理国有林场商业性采伐审核审批 657 份，比改革前减少 33.7%；出材量 40.7 万立方米，比改革前减少 29.8%。

8. 广东省国有林场改革进入全面实施阶段

2017 年，广东省国有林场改革工作取得重要进展，集中体现在以下几方面：

（1）审核批复方案，落实改革任务。2017 年 8 月，广东省全面完成对各市改革方案的审核批复工作，所批复改革方案经林场职代会通过，明确了林场的定性定编、岗位设置、财政支持、职工保障、分离办社会职能等核心内容。下半年，各地先后进入改革实施阶段，广州、佛山、东莞、中山、韶关、梅州等多个地级以上市已基本完成改革任务。全省将规模过小、分布零散的 41 个林场整合为较大的 16 个林场，实现机构精简和规模经营。改革后，全省 217 个国有林场整合为 206 个，定性为公益一类事业单位的 151 个，占比 73%；定性为公益二类事业单位的 51 个，占比 25%；维持原企业性质的 4 个，占比 2%。综合考虑国有林场区位、功能职责和生态建设需求等因素，全省共核定事业编制 6914 名，其中一类事业编制 4126 名，二类事业编制 2788 名。国有林场纳入地方财政保障体系，并通过政府购买服务核定护林员等岗位，充实林场“保生态”基础力量。全省已基本完成改革主体任务，初步建成维护国家生态安全、保护生物多样性、建设生态文明的国有林场新体制。

（2）理顺管理体制，创新管理机制。通过改革，全省国有林场主要功能明确定位于保护培育森林资源、维护国土生态安全和提供生态公益服务。各级国有林场依属性纳入同级政府财政预算，落实财政支持和保障措施，确保国有林场有效履行生态保护职责。为加强国有林场森林资源保护和管理，省级层面组建广东省国有林场和森林公园管理局，强化行政职能，多个市（县）成立专门的国有林场管理机构。全省国有林场所核定事业编制用于聘用管理人员、专业技术人员和骨干林业技能人员，按照国家要求优化岗位设置，加强国有林场人才队伍建设，加大林场职工培训力度，提高国有林场人员综合素质和业务能力。

（3）加强资源资产管理，建立监管体系。省林业厅委托专业技术部门编制国内首个省级层面的《国有林场和森林公园资源资产负债表》，通过构建数据监管平台，提高宏观监管能力，并于2017年12月专家评审会通过。该系统依托森林资源档案数据库，结合资产负债理念，构建了广东省国有林场和森林公园森林资源资产负债表框架体系，为开展国有林场场长森林资源离任审计奠定了良好基础。

（4）加强部门联动，合力推进改革。2017年初，省全面深化改革领导小组办公室（以下简称改革办）、省发改委、省林业厅等部门组成联合督导组，对全省上报方案较慢的市开展国有林场改革专项督导，并针对存在的问题提出可行性指导意见，督促其加快推进，尽快上报方案。7月，省林业厅联合省财政厅印发了《关于加强国有林场改革补助资金使用管理的通知》（粤林〔2017〕103号），明确了国有林场改革补助资金使用范围，提高资金使用绩效。8月，省林业厅联合省档案局印发了《广东省国有林场档案管理办法》（粤林〔2017〕113号），规范全省国有林场档案管理工作。

9. 广西扎实推进国有林场改革成绩显著

2017年广西壮族自治区全区共有139家国有林场列入改革范畴，加上2016年试点的36家国有林场，列入改革的国有林场共175家。一年来，各地、各部门按照自治区的统一部署，落实改革主体责任，凝聚各部门合力，扎实推进改革各项工作，取得重大进展和显著成效，有131家林场完成改革任务，占改革整合后148家的88.5%。改革重大进展体现在以下方面。

（1）林场的公益性显著增强。148家国有林场中，确定为公益一类林场55家、公益二类林场84家、企业性质林场9家，公益类林场比例达到93.9%。并且科学核定了事业编制，部分林场保持编制不减，部分地方虽然核减了编制，但在职在编人员整体稳定，已明确核定事业编制数的国有林场核定的事业编制数由原来的24593个精减为19414个，减少了5179个，减编率21.1%。

（2）社保政策全面落实。各级各部门认真落实桂发〔2016〕12号文件要求，全面解决国有林场职工社会保障问题。国有林场按改革后确定的单位性质依法参加基本养老保险和基本医疗、失业、工伤、生育保险。中央下拨改革补助资金63675万元、自治区落实改革补助资金13000万元，解决了部分林场欠缴社会保险费问题。补缴资金不足的林场，社保部门给予了“先入后补”政策，即先将林场职工进入社保，林场与社保部门签订还款协议，3~5年内补交清。

（3）财政保障能力明显增强。改革后，公益一类林场增多了，部分公益二类林场定为财政全额保障，原为差额保障的部分国有林场也不同程度地提高了保障额度。财政全额保障林场 98 个，占比 66.2%；差额保障林场 42 个，占比 28.4%；定额保障林场 7 个，占比 1.7%；自收自支林场 1 个，占比 0.7%。

（4）富余职工妥善安置。各地积极采取购买服务、提供特色产业、解除劳动关系、转岗就业等多种安置方案，已完成 2114 名富余职工安置，其中河池市 1075 名富余职工全部得到安置。坚决做到了不因改革而导致职工失业，确保富余职工就业有渠道、收入有保障。

10. 山西省顺利完成国有林场主体改革任务

到 2017 年 5 月，山西省 11 个市、95 个涉及国有林场改革的县和省直 9 个林业局《国有林场改革实施方案》已全部印发实施，在功能定位、林场定性、机构整合、定编定职、财政支持等政策落实上都实现了重大突破，改革主体任务基本完成，取得了阶段性成效。

（1）改革主体任务全面完成。2017 年初制定印发了《2017 年国有林场改革工作要点》，明确了 2017 年的 11 项重点工作任务，确立了岗位设置到位、资源整合到位、规范运行到位的总体目标，建立了国有林场改革主要工作台账，并层层分解落实到各省直、各市、各县（市、区）林业局。为确保完成改革任务，省林业厅全年共组织 4 轮督导，对配套政策落实不到位的市、县，按方案对标对表开展了 3 次专项督导，同时指导编印了 10 期《山西省国有林场改革工作简报》，对成效显著的大力宣传，对改革进展迟缓、政策落实不到位的进行通报。国有林场改革各项工作全部顺利完成，在山西省人民政府 2017 年重点督办工作中被评为优秀。

（2）体制机制创新取得重大突破。积极推进国有林场改革，全省国有林场总数由 267 个减至 209 个，减幅达 22%；事业人员编制由 11717 人精减至 8999 人，减幅达 23%；省直林业局业务保障机构由 70 个减至 36 个，减幅达 49%。同时，省直林业局通过撤并整合，设立了 12 个副处级大型林场和 2 个国家级湿地公园，市（县）属 16 个国有林场由股级升格为副科级以上建制，进一步理顺管理层级，强化管理职能，实现了林场“瘦身”、财政“减压”、管理高效的目标，为国有林场可持续发展提供了强有力的组织保障。山西省围绕保生态、保民生两条主线，着力改善民生，保障职工待遇。全省林场职工人均年收入提高到了 5.32 万元。同时利用中央国有林场改革补助资金3.57亿元，将2015年以前欠缴的养老、医疗保险全部补缴，待山西省事业单位保险制度改革后，将纳入相应类别保险范畴，跻身同类事业单位行列。

（3）逐步完善各项配套政策。组织各省直、各市林业局编制了《山西省国有林场中长期发展规划》，举办了国有林场中长期发展规划编制培训班，9大省直、11个地（市）林业局及山西省林业职业技术学院实验林场中长期发展规划已全部完成专家评审工作。起草了《山西省国有林场管理办法》《山西省国有森林资源监管办法》《山西省国有林场森林资源保护管理考核办法》《山西省国有林场森林资源有偿使用办法》《山西省国有林场森林经营制度》5个国有林场改革配套制度文件并已印发试行。

（4）组织开展回头看工作。起草印发《关于开展国有林场改革工作回头看的通知》，以学习贯彻党的十九大精神为动力，坚定信念，用习近平新时代中国特色社会主义思想指导改革、推动改革，进一步提高推进改革的积极性、自觉性和主动性，落实改革任务，迎接国家验收。到2017年底，阳泉、太原、临汾3市已率先完成市级国有林场改革评估验收工作。

第二章 保护经营

森林资源培育保护、监督管理是国有林场的功能定位。通过国有林场改革发展进程经验总结，各地国有林场森林资源监督管理办法，精细化管理、资产化管护试点不断出台和启动，国有林场森林培育经营等工作扎实推进，发展空间得到进一步拓展。

一、森林资源保护

（一）总体状况

到2017年底，全国国有林场经营面积0.79亿公顷，其中林业用地面积0.63亿公顷，森林面积0.47亿公顷，森林蓄积量29.6亿立方米，分别约占全国林业用地面积、森林面积和森林蓄积量的25.2%、22.6%和19.6%；宜林地面积0.05亿公顷。国有林场中幼林面积0.21亿公顷，占森林面积的44.7%。

到2017年底，全国国有林场公益林面积0.41亿公顷，其中：国家重点公益林0.27亿公顷，占林业用地面积的47%，地方公益林面积0.14亿公顷，占林业用地面积的24%；商品林面积0.07亿公顷，占林业用地面积的12%。林业用地面积中公益林与商品林面积合计0.48亿公顷，占林业用地面积的83%。

（二）区域情况

1. 东北地区

黑龙江省国有林场森林面积528.9万公顷，总蓄积4.16亿立方米，其中：

中幼林面积275万公顷。吉林省国有林场森林面积264.8万公顷，活立木总蓄积2.9亿立方米，分别占全省林业总量的33%和29%。辽宁省国有林场经营总面积81.67万公顷，有商品林23.2万公顷，占全省商品林总量的31%；公益林51.93万公顷，占全省公益林总量的69%；林木总蓄积5335万立方米；国有林场森林面积占全省森林总面积的1/9，蓄积量占1/5，优质林分大都集中在国有林场。内蒙古自治区国有林场（含岭南八局）有林地面积720万公顷，森林蓄积3.4亿立方米。

2. 华北地区

北京市国有林场有林地面积5.1万公顷，占全市有林地总面积的6.9%，占全市国有林地中有林地面积的71.1%。其中：灌木林地面积1.2万公顷，疏林地面积690公顷，天然次生林面积1.6万公顷，人工林面积3万公顷；森林总蓄积162.5万立方米，森林覆盖率72.6%。河北省国有林场森林面积60.2万公顷，森林蓄积3500万立方米，全年完成造林绿化面积1.6万公顷，其中场外合作造林0.5公顷。山西省国有林场森林面积160.3万公顷，森林蓄积8944万立方米，全年营造林5.4万公顷，完成计划的100%，其中场外造林41.29万公顷；灌木林改培1.4万公顷，森林抚育任务5.7万公顷，积极推进了森林质量的精准提升。河南国有林场总面积45.6万公顷，其中，山区半山区林场40.6万公顷，平原区林场5.1万公顷；森林蓄积量2377.32万立方米，占全省森林蓄积量的13.91%，林场森林覆盖率75.35%。

3. 东南地区

福建省国有林场森林面积39.5万公顷，森林蓄积量4853万立方米。广东省国有林场森林面积73万公顷，占全省林地总面积7%，森林蓄积量5085万立方米，森林覆盖率86%。海南省国有林场天然林面积37.6万公顷，占全省天然林总面积（65.93万公顷）的57.1%；森林蓄积量4893万立方米，林场森林覆盖率75.35%。江苏省国有林场森林面积8.6万公顷，森林蓄积量498万立方米，森林覆盖率达81%。山东省国有林场森林面积13.95万公顷，森林蓄积量801.7万立方米。浙江省国有林场森林面积23.6万公顷，森林覆盖率92.2%；森林蓄积量2082万立方米，占全省森林蓄积量的7.75%。

4. 西南地区

广西壮族自治区国有林场总经营面积138.9万公顷，森林面积116.1万公顷，森林蓄积总量8459万立方米。贵州省国有林场总经营面积37万公顷，林业用地32.8万公顷（包括公益林面积21.2万公顷、商品林面积11.5万公顷），非林业用地2.98万公顷，森林总蓄积量为2940.6万立方米。云南省国有林场总经营面积 349.2 万公顷，其中林业用地面积 326.1 万公顷，森林面积 285.7 万公顷，森林蓄积量 2.32 亿立方米。

5. 西北地区

甘肃省国有林场总经营面积 800.3 万公顷，其中林业用地面积 504 万公顷，森林覆盖率 51%，森林蓄积量 8310.7 万立方米。宁夏回族自治区现有国有林场 90 个，经营总面积 109.1 万公顷，森林面积 36.3 万公顷，森林蓄积量 419 万立方米。青海省国有林场经营总面积 544.2 万公顷，森林面积 316.5 万公顷，森林蓄积量 4155 万立方米。陕西省国有林场森林面积 309.4 万公顷，森林蓄积 2.25 亿立方米，森林覆盖率 74%，有林地面积和活立木蓄积分别占全省有林地总面积和活立木总蓄量的 38% 和 76%。新疆维吾尔自治区国有林场森林面积 717.6 万公顷，森林蓄积量达 2.93 亿立方米。

二、森林经营方案的编制与实施

（一）进一步推动国有林场森林经营方案编制修订工作

指导各省（自治区、直辖市）开展国有林场森林经营方案编制修订工作，推动改革先行地区建立以森林经营方案为核心的森林经营管理制度。到 2017 年底，全国 2566 个国有林场完成了森林经营方案的编制和修订，占国有林场总数的 55.4%（图 2–1）。其中，山西、辽宁、黑龙江、福建、河南、重庆、新疆等省（自治区、直辖市）及中国林科院已经全面完成方案编制修订工作。河北省木兰围场国有林场管理局借鉴德国近自然经营理念和技术编制的森林经营方案，已经通过省级评审，国有林场和林木工作总站（以下简称场圃总站）组织专家对其进行了国家级评审。

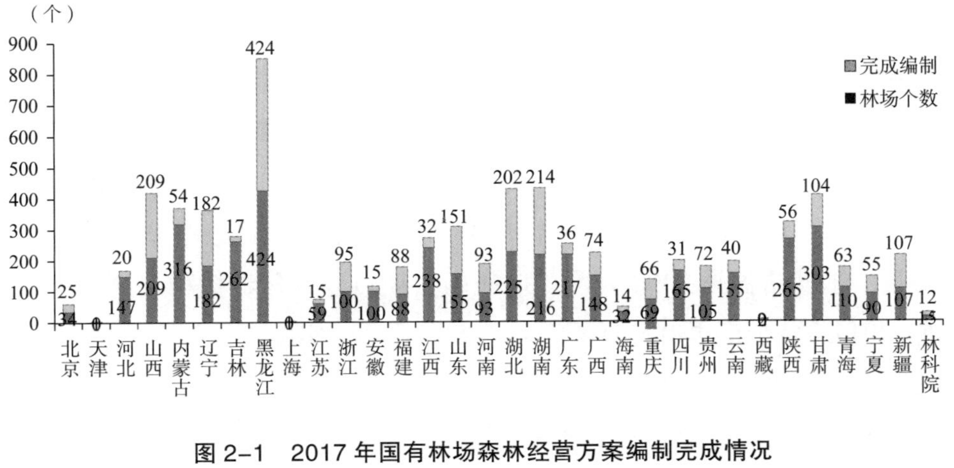

图 2–1　2017 年国有林场森林经营方案编制完成情况

（二）总结推广森林经营新模式

2017 年，国有林场全面实施天然林商业性采伐，实施森林资源培育保护工程，对山西等省国有林场“精细化管理、资产化管护”的森林经营新模式进行总结推广，促进国有林场森林经营机制不断创新。

1. 山西省国有林场实现森林资源精细化管理

2017 年，山西省印发了《山西省省国有林场管理办法》《山西省国有森林资源监管办法》《山西省国有林场森林资源保护管理考核办法》《山西省国有林场森林资源有偿使用办法》《山西省国有林场森林经营制度》等 5 个国有林场改革配套制度文件，加强森林资源精细化管理。

一年来，山西省林业厅精心组织，深入开展了“森林管护责任落实年”活动。2017 年初制定了活动实施方案，按照“在总结中提高、在继承中创新、在规范中完善”的总体思路，在“实、细、严”上下功夫，努力提升森林管护效果。在林地变更调查的基础上，以林保一张图为依据，有效整合“天保”工程、国家级公益林保护、新造幼林地管护等多项工程，统筹调度管护资源，细化量化责任目标，做到森林资源底数清楚，管护面积不重不漏，责任区“四至”清晰，管护区域、管护人员、管护职责一一对应、环环紧扣、无缝对接。

山西省建立了森林资源保护长效机制，完善了“互联网 + 管护”机制，为全省 11627 名一线护林员配备了 GPS 智能巡检器，进一步强化森林资源管护能力。各县、各林业局均制定了 GPS 使用办法，建立起 GPS 考核管理制度，对管护人员巡护天数与巡护时间严格要求，实现了快速预警、信息共享、责任到人。逐步完善了森林资源管护省级考评办法，建立县（省直）林业局自查、市复核、省复查的三级联动机制，对全省的森林资源管护、GPS 智能巡检系统的应用等进行督导，并将结果向全省林业系统通报。

2. 重庆市狠抓资源培育和保护，森林质量显著提高

大力开展植树造林。依托“天保”工程、森林抚育、木材战略储备林建设等项目，积极培育森林资源。有 15 个林场承担木材战略储备林基地建设任务，建设储备林 2000 公顷，依托国家项目建设珍贵树种培育基地 333 公顷。2017 年，全市国有林场共造林 2666.7 公顷，实施森林抚育 1.1 万公顷，低效林改造 2800 公顷，封山育林 1.12 万公顷，森林蓄积量增长 77 万立方米，有效推进森林资源数量增长和质量提高。

启动修订森林经营方案。下发了修订国有林场森林经营方案的通知，提出了编修订工作具体要求，各地正在推进修订工作。强化森林资源保护。研究制定《国有林场森林资源监管办法》，该办法正在征求意见，并全面停止了国有林场天然林的商业性采伐和森林资源流转。狠抓森林防火和有害生物防治，全年国有林场无一起森林火灾发生，防治林业有害生物 1.3 万公顷，除治株数 14 万株。

积极开展公益性育苗。南岸区、南川区等国有林场建成国家林木良种基地，大力开展良种繁育。渝北区、永川区等国有林场大力开展楠木、香樟等公益性育苗，除用于林场树种结构外，还免费发放给市民。全市国有林场共建设苗圃基地 333.3 公顷，在圃苗木 800 万株。

3. 安徽省国有林场森林资源培育和保护工作取得新成效

安徽省完成国有林场改革以后，加快提升森林资源培育和质量。全省国有林场深入贯彻落实《安徽省人民政府关于实施林业增绿增效行动的意见》，继续坚持把保护和培育森林资源作为首要任务，不断优化林分结构，提升森林质量。2017 年度全省国有林场完成造林 2195.6 万公顷，完成育苗 540 公顷。国有林场公益林和天然林全面禁止商业性采伐，商品林采伐大幅下降。不断提升森林经营水平，加强营林生产管理、注重提高中幼林抚育质量，森林蓄积量和质量呈上升趋势，全省国有林场完成中央财政中幼林抚育补助面积 3.6 万公顷，占全省中幼林面积的 54.5%。国有林场蓄积量较改革前的 2015 年上升 6.7%，森林蓄积量达到 1824 万立方米。国有林场森林资源结构正在不断优化，资源质量得到有效提升。

积极开展国有林场森林经营方案编制工作。为落实《安徽省国有林场改革实施方案》，充分发挥国有林场在全省林业增绿增效行动中的引领和示范作用，省林业厅下发了《关于开展全省国有林场森林经营方案编制工作》（林国函〔2017〕629 号），作为首批试点单位的 15 个国有林场编制的《森林经营方案》已经省厅批复，开始组织实施；其他 85 个国有林场也正在组织编制相应的《森林经营方案》。

4. 广西国有林场森林经营质量明显提升

广西壮族自治区重视国有林场森林经营质量的提升，重点抓好国家储备林、油茶、特色经济林、珍贵树种等四大商品林基地建设，利用森林抚育补贴项目、树种结构调整项目、国家西江经济带森林质量提升项目、林业沃土工程项目等森林质量提升工程项目，结合发展旅游产业，通过新造、改造、补植等方式，因地制宜种植开花树种、彩叶树种，集中打造一批森林景观精品。积极发展火力楠、闽楠、红椎、香樟、格木、米老排等珍贵乡土树种，面积达5.3万亩。

部分林场通过实施良种壮苗、配方施肥、无节材等先进的技术，速生桉年生长量达每亩3立方米以上，在杉木种植方面实现了每年树高生长2米，胸径生长2厘米，每亩蓄积增长2立方米。区直派阳山林场推进以生长量为核心的营林精细化管理，将45.5万亩林地全部承包到职工，营林成本由2013年的255元/立方米降低至2017年的220元/立方米，桉树年平均蓄积生长量由2013年的1.7立方米/亩增长至2017年的2.6立方米/亩。

区直七坡林场新种植灰木莲、火力楠、红椎等乡土树种0.38万亩，实施桉树无节材面积已达到18万亩，定向培育的2.6万亩精品林每亩年生长量3立方米以上，30万亩达标林每亩年生长量2立方米以上。区直林场发展林地优势，积极发展林下经济，2017年共投入3200万元，发展养猪、养牛、养鸡和种植金花茶、巴戟、灵芝、白芨、铁皮石斛、金线莲等，产值3.7亿元，派阳山林场"八角香鸡"响誉广西。

5. 湖南省加强国有森林资源的监管力度

2017年，湖南省完成了全省国有林场和森林公园森林资源监管平台系统建设，建立起全省国有林场和森林公园"一张图"大数据中心。监管平台采集收录了各林场公园森林资源信息、地理区域信息、经营管理信息，建立起了森林资源档案，实现了管理、项目审批、监管的信息化，促进了全省国有林场和森林公园森林资源监测管理科学化、规范化。为确保行业从业人员熟练掌握监管平台使用方法，举办了全省森林资源监管平台操作培训班。2017年11月，监管平台被国家林业局评为"中国智慧林业最佳实践案例50强"。

全省以森林经营方案为依据，对国有林场的采伐、造林、抚育等方面开展定期和不定期的监督检查，加强国有林场林地管理。发布了《湖南省林业厅关于进一步加强国有林场森林资源管理的通知》（湘林国〔2017〕11号），明确国有林场森林资源为"国家所有，省级管理，林场保护和经营"的管理体制，进一步明确，国有林场、国有林地的使用必须由省级国有林场管理机构参与项目立项评估工作，并出具书面意见。

6. 内蒙古积极推进森林经营方案的编制和实施

为进一步加快内蒙古自治区国有林场森林经营方案编制与实施工作进

度，促进国有林场森林可持续经营，内蒙古自治区财政从 2017 年开始投入资金，预计利用 3 年时间完成全自治区 316 个国有林场的森林经营方案编制工作。2017 年，完成 54 个《林场森林经营方案》的编制及修订工作，67 个林场正在进行相应的《森林经营方案》的编制。

积极推进森林经营方案示范林场建设。2014 年，国家林业局确定赤峰市旺业甸实验林场为全国首批 15 个国有林场森林经营方案实施示范林场之一。2017 年，旺业甸实验林场按照自治区林业厅批复的《旺业甸林场森林经营方案》，积极开展森林经营方案实施示范林场试点工作，全年完成整地 480 亩，春季补植造林 2000 亩，幼林除草 2500 亩，中幼林抚育 1 万亩。同时狠抓管护责任的落实。根据公益林护林员和森林生态效益补偿标准的变化情况，对管护责任区进行了调整，与每名公益林护林员签订了管护合同，落实了管护责任，公益林管理等工作得到了上级部门的肯定，并于 2017 年 4 月被中国林场协会授予“全国十佳林场”称号。

（三）森林抚育工作助推森林质量精准提升

2017 年，加强国有林场森林抚育、林相改造、低产低效林改造、国家木材储备基地建设等工作，不断提升国有林场森林资源质量。各地普遍加大了国有林场造林更新和森林抚育力度。河北等 29 个省（自治区、直辖市）2017 年造林更新和抚育面积分别比 2016 年增加了 10% 和 13%，实现了面积和蓄积量双增长，其中山西、内蒙古、广西、四川等省（自治区）场外造林 185 万亩。

甘肃省国有林场认真组织实施公益林建设和森林抚育工作，切实加强森林资源管护，实现了森林面积蓄积双增长。全年共完成人工造林 44.82 万亩，其中场外造林 13.34 万亩；完成中幼林抚育 116.91 万亩。

福建省国有林场完成造林面积 8.46 万亩，建设森林经营示范林 6.98 万亩，培育国家战略储备林 3.18 万亩、国家特殊及珍稀林木 0.26 万亩，实施森林抚育 74.76 万亩。

湖北省国有林场新造林面积 40.6 万亩，其中场外造林 10.4 万亩；全省林业森林抚育项目安排在 203 个国有林场，补贴资金 16729 万元，森林抚育面积 161.3 万亩；大力开展低效林改造工作，全省国有林场完成低效林改造面积 5.4 万亩。

河南省 93 个国有林场共完成造林 95.4 万亩，中央财政森林抚育补贴任务落实到国有林场的抚育任务有26.70万亩，补贴资金2862万元，各林场完成了全年造林、低效林改造和抚育任务，“天保”工程顺利实施。其中，信阳市国有林场新造林面积1.60万亩，完成中幼林抚育面积2.54万亩，低效林改造8460亩；商丘市国有民权林场完成新造林1252亩，打造了30多个树种的国储林树木园，改培680亩，森林抚育人工修枝5076亩，机耕抚育8000亩次。国有刁楼林场完成造林660余亩，完成补植补造96亩。国有兰考林场完成低产、低效及边界林改造，造林1750亩，种植杨树1170亩，中幼林抚育3000亩，更新采伐和抚育间伐林木5163.1立方米，病虫害防治10000亩，确保了林木的生长和生态效益的稳步提高。

三、森林培育经营工作扎实推进

研究建立森林经营方案实施评价指标体系，进一步推动国有林场建立以森林经营方案为核心的森林经营管理制度；积极配合有关部门抓好国有林场森林抚育、林相改造、低产低效林改造、国家木材储备基地建设、发展场外合作造林等工作，着力提升森林质量和功能。

通过落实习近平总书记关于塞罕坝林场重要指示精神，抓住机遇，经过周密部署和严格论证，会同国家发改委、财政部联合确定了河北白洋淀上游、内蒙古浑善达克、青海湟水河3个规模化林场建设试点，初步规划总建设规模800多万亩，为创新林场发展机制，拓展发展空间赢得了新机遇。同时，积极谋划开展国家森林小镇建设试点工作，从125家申报试点方案中初步确定了70家建设试点，开启了国有林场转型发展的新路径。

第三章　产业发展

国有林场产业组成主要以林下种植、养殖、速生丰产林、经济林种植等第一产业，板业等第二产业，森林旅游、森林人家等第三产业发展为主。国有林场大力扶持珍贵树种栽培、苗木花卉种植等“造血功能”类项目，以森林旅游为主的非林木产业发展势头良好。

一、产业发展总体情况

（一）投入产出情况

2017 年，国有林场营业总收入 135.34 亿元，比上年减少 26.61 亿元；营业总成本 197.6 亿元，比上年减少 18.84 亿元。营业外净收入 5.9 亿元，比上年减少 3.46 亿元。承包户上交净收入 7.26 亿元，比上年减少 1.43 亿元。补贴收入 48.32 亿元，比上年增加 7.08 亿元。2017 年全国国有林场实现净利润 2.34 亿元，比上年减少 5.49 亿元（图 3–1）。

2017 年，国有林场政策性社会性经费收入 2.74 亿元。其中，各级财政补助和事业等其他收入 1.62 亿元，林场自筹 844.46 万元。全年共支出 2.33 亿元，其中，教育 2170.27 万元，医疗卫生 1981.71 万元，其他 1.91 亿元。

2017 年，国有林场全年营业利润 2.56 亿元，净利润比上年减少 5.5 亿元。营业收入中全年种植业总收入 61.25 亿元，占国有林场营业总收入的 45.2%，营业利润 21.59 亿元，占总营业利润的 74.5%，是国有林场营业收入的主要组成部分。此外，非林木产业发展较快，经济效益开始显现，实现营业收入 47.78 亿元，比上年减少 6.45 亿元，占林场总收入的 35.26%。

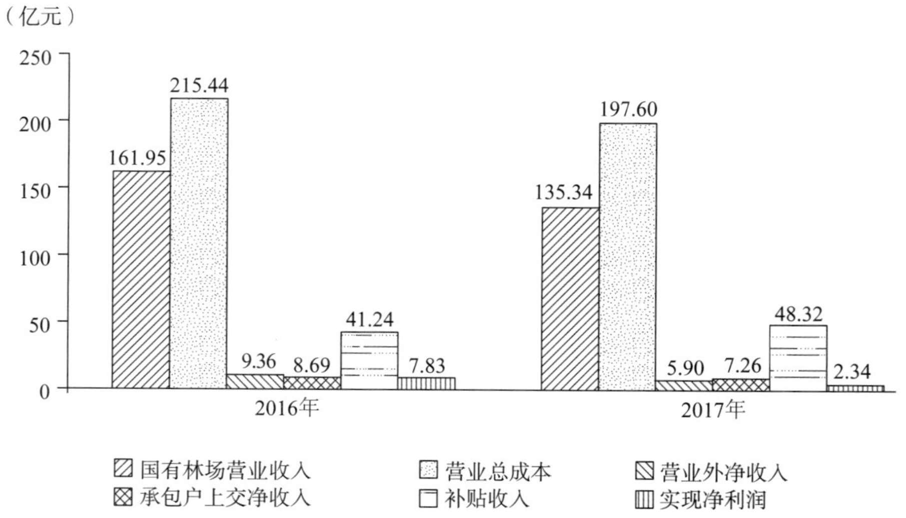

图 3-1　2016—2017 年国有林场总资产及总负债情况

（二）资产及负债情况

2017 年末，全国国有林场总资产 2019.1 亿元。其中，流动资产 581.49 亿元，固定资产净值和林木资产的非流动性资产 1437.61 亿元（固定资产净值 361.67 亿元，林木资产 792.86 亿元）；国有林场总负债 827.13 亿元，其中，流动负债 639.16 亿元，非流动负债 187.97 亿元（图 3-2）。

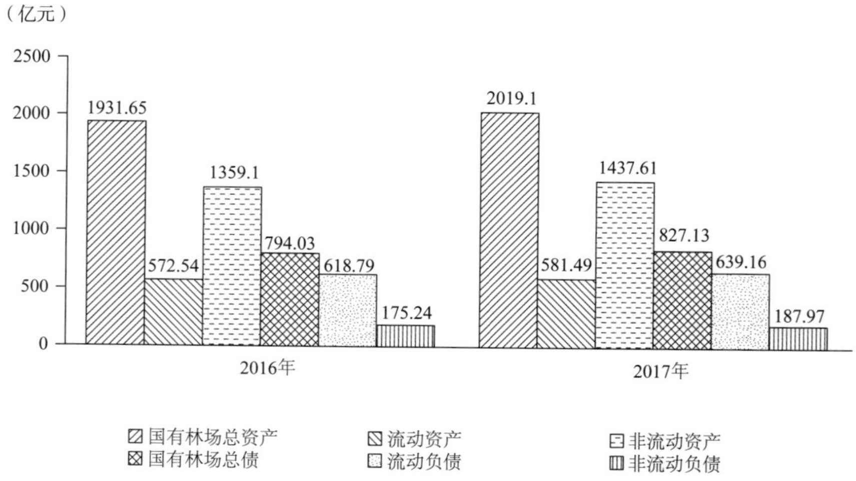

图 3-2　2016—2017 年国有林场总资产及总负债情况

到 2017 年底，含林木资产的资产负债率 39.03%，比 2016 年减少 0.14%；不含林木资产的资产负债率 67.45%，与 2016 年相同。所有者权益 1191.97 亿元，林木资本 756.93 亿元。

二、主要产业收入情况

（一）种植业

2017 年，国有林场全年种植业营业总收入 61.25 亿元（表 3-1），营业总收入中比例最大。其中，广西壮族自治区营业收入 20.05 亿元，占全国国有林场种植业营业收入的 32.53%，是全国国有林场种植业收入最多的省份；其次是江西省、福建省、吉林省和黑龙江省。位居前五的省份种植业营业总收入占全国种植业营业总收入的 65.83%。

表 3-1 2017 年各省（自治区、直辖市）国有林场种植业收入情况

序号	省份	种植业收入（万元）	序号	省份	种植业收入（万元）
1	北京市	549.77	17	湖北省	7469.33
2	天津市	--	18	湖南省	20434.38
3	河北省	21054.58	19	广东省	41899.32
4	山西省	19505.46	20	广西壮族自治区	200467.70
5	内蒙古自治区	6536.36	21	海南省	161.79
6	辽宁省	46237.64	22	重庆市	1184.10
7	吉林省	27721.37	23	四川省	7351.82
8	黑龙江省	26032.33	24	贵州省	1649.04
9	上海市	--	25	云南省	5284.61
10	江苏省	7501.64	26	西藏自治区	--
11	浙江省	11553.64	27	陕西省	5190.54
12	安徽省	7971.22	28	甘肃省	13222.56
13	福建省	52089.14	29	青海省	863.44
14	江西省	61840.64	30	宁夏回族自治区	3149.67
15	山东省	3583.42	31	新疆维吾尔自治区	8009.72
16	河南省	3953.78			

（二）养殖业

2017 年，全国国有林场全年养殖业营业总收入 1.3 亿元（表 3-2），仅占全国国有林场营业总收入的 1%，其中，浙江省、广西壮族自治区和吉林省养殖业营业收入位列前三名，3 个省份养殖业营业总收入 1.11 亿元，

占全国养殖业营业总收入的85%。

表 3-2　2017 年各省（自治区、直辖市）国有林场养殖业收入情况

序号	省份	养植业收入（万元）	序号	省份	养植业收入（万元）
1	北京市	0.01	17	湖北省	50.63
2	天津市	--	18	湖南省	422.32
3	河北省	168.57	19	广东省	--
4	山西省	--	20	广西壮族自治区	1265.77
5	内蒙古自治区	23.21	21	海南省	--
6	辽宁省	28.72	22	重庆市	--
7	吉林省	1006.79	23	四川省	0.80
8	黑龙江省	253.86	24	贵州省	--
9	上海市	--	25	云南省	8.16
10	江苏省	692.71	26	西藏自治区	--
11	浙江省	8780.29	27	陕西省	--
12	安徽省	--	28	甘肃省	27.54
13	福建省	--	29	青海省	--
14	江西省	--	30	宁夏回族自治区	--
15	山东省	269.91	31	新疆维吾尔自治区	--
16	河南省	--			

（三）种养业初加工

2017 年，国有林场全年种养业初加工产品营业总收入 6.91 亿元（表 3–3），占全国国有林场营业总收入的 5%。其中，广西壮族自治区、吉林省和江西省位列前三名，3 个省份种养业初加工营业总收入 6.74 亿元，占全国种养业初加工营业总收入的 97.4%。

表 3-3 2017 年各省（自治区、直辖市）国有林场种养业初加工产品收入情况

序号	省份	种养业初加工产品收入（万元）	序号	省区	种养业初加工产品收入（万元）
1	北京市	0.05	17	湖北省	24.28
2	天津市	--	18	湖南省	69.61
3	河北省	--	19	广东省	9.04
4	山西省	291.44	20	广西壮族自治区	63352.54

（续）

序号	省份	种养业初加工产品收入（万元）	序号	省区	种养业初加工产品收入（万元）
5	内蒙古自治区	15.46	21	海南省	--
6	辽宁省	--	22	重庆市	--
7	吉林省	3313.95	23	四川省	1.62
8	黑龙江省	587.32	24	贵州省	--
9	上海市	--	25	云南省	139.96
10	江苏省	--	26	西藏自治区	--
11	浙江省	20.80	27	陕西省	274.61
12	安徽省	278.32	28	甘肃省	2.52
13	福建省	5.23	29	青海省	--
14	江西省	717.29	30	宁夏回族自治区	--
15	山东省	86.82	31	新疆维吾尔自治区	--
16	河南省	--			

（四）“三剩物”及次小薪材加工产品

2017 年，国有林场全年“三剩物”及次小薪材加工产品营业总收入 18.25 亿元（表 3-4），占全国国有林场营业总收入的 13%。其中，广西壮族自治区、吉林省和广东省位列前三名，3 个省份“三剩物”及次小薪材加工产品总收入 18.2 亿元，占全国“三剩物”及次小薪材加工产品营业总收入的 99.5%。

表 3-4　2017 年各省（自治区、直辖市）国有林场“三剩物”及次小薪材加工产品收入情况

序号	省份	“三剩物”及次小薪材加工产品收入（万元）	序号	省份	“三剩物”及次小薪材加工产品收入（万元）
1	北京市	0.13	17	湖北省	--
2	天津市	--	18	湖南省	--
3	河北省	53.19	19	广东省	292.90
4	山西省	229.90	20	广西壮族自治区	181100.49
5	内蒙古自治区	--	21	海南省	--
6	辽宁省	246.58	22	重庆市	1.49
7	吉林省	308.44	23	四川省	--

（续）

序号	省份	“三剩物”及次小薪材加工产品收入（万元）	序号	省份	“三剩物”及次小薪材加工产品收入（万元）
8	黑龙江省	218.00	24	贵州省	--
9	上海市	--	25	云南省	--
10	江苏省	--	26	西藏自治区	--
11	浙江省	--	27	陕西省	3.97
12	安徽省	22.13	28	甘肃省	55.52
13	福建省	--	29	青海省	--
14	江西省	5.50	30	宁夏回族自治区	--
15	山东省	--	31	新疆维吾尔自治区	--
16	河南省	--			

三、林产品产销情况

（一）原木

2017 年，全国国有林场全年原木产量 725.33 万立方米，比上年减少 183.29 万立方米；销售量 793.87 万立方米，比上年减少 195.9 万立方米。木材销售收入 47.52 亿元，比上年减少 18.11 亿元。木材平均售价 599 元 / 立方米，比上年减少 64.54 元 / 立方米。销售利润 18.15 亿元，比上年减少 8.07 亿元，占种植业营业利润的 84.04%（表 3-5）。

表 3-5　2017 年各省（自治区、直辖市）国有林场原木产销情况

序号	省份	产量（万立方米）	销量（万立方米）	销售收入（万元）	销售利润（万元）
1	北京市	--	--	--	--
2	天津市	--	--	--	--
3	河北省	22.64	17.54	13900.60	8372.22
4	山西省	5.59	5.50	2055.20	392.43
5	内蒙古自治区	1.77	1.06	482.48	199.70
6	辽宁省	45.30	47.30	34379.96	24096.64
7	吉林省	31.55	49.46	22427.20	16679.98

（续）

序号	省份	产量（万立方米）	销量（万立方米）	销售收入（万元）	销售利润（万元）
8	黑龙江省	32.76	36	22337.85	10463.16
9	上海市	--	--	--	--
10	江苏省	1.85	2.66	1814.00	527.67
11	浙江省	7.37	7.29	6413.50	648.90
12	安徽省	7.78	7.78	6609.84	2174.84
13	福建省	55.15	59.39	48604.90	22537.00
14	江西省	60.94	61.70	57078.52	33435.74
15	山东省	0.96	1.01	887.03	-139.01
16	河南省	5	4.54	2782.93	-1382.47
17	湖北省	10	11.19	2807.85	153.68
18	湖南省	16.05	17.45	18529.07	-7465.19
19	广东省	51.88	54.32	35826.38	21699.44
20	广西壮族自治区	282.81	321.87	184402.56	48632.56
21	海南省	0.22	0.75	95.99	-1175.89
22	重庆市	0.50	0.55	391.49	195.13
23	四川省	6.32	6.82	7220.60	1674.76
24	贵州省	0.97	1.71	1320.07	-1052.80
25	云南省	7.04	7.48	4451.09	624.35
26	西藏自治区	--	--	--	--
27	陕西省	0.13	0.14	53.79	6.41
28	甘肃省	70.71	70.71	309.21	154.96
29	青海省	--	--	--	--
30	宁夏回族自治区	--	--	--	--
31	新疆维吾尔自治区	--	--	--	--

（二）纤维板

2017 年，全国国有林场纤维板产业主要集中在辽宁省、浙江省和广西壮族自治区 3 个省份，全年纤维板产量 60.49 万立方米，比上年增加 9.22 万立方米；销售量 82.82 万立方米，比上年增加 16.16 万立方米；实现销售收入 10.25 亿元，比上年增加 2.18 亿元；平均售价 1237 元 / 立方米，比上年增加 27.25 元 / 立方米；销售利润 –0.75 亿元。纤维板产、销只有广西壮族自治区的国有林场还在进行。

（三）苗木

2017 年，全国国有林场全年销售苗木收入 8.4 亿元，占全国种植业总收入的 13.8%，比上年减少 1.2 亿元。实现销售利润 2.31 亿元，比上年增加 1.01 亿元（表 3–6）。

表 3-6　2017 年各省（自治区、直辖市）国有林场苗木产销情况

序号	省份	销售收入（万元）	销售利润（万元）	序号	省份	销售收入（万元）	销售利润（万元）
1	北京市	549.77	477.08	17	湖北省	3720.56	–1664.72
2	天津市	--	--	18	湖南省	330.19	–506.80
3	河北省	6965.83	2000.23	19	广东省	1141.15	634.02
4	山西省	17081.30	10810.47	20	广西壮族自治区	6763.05	1956.73
5	内蒙古自治区	4989.59	1156.94	21	海南省	25.89	10.26
6	辽宁省	7285.25	1462.10	22	重庆市	467.15	285.45
7	吉林省	2711.51	538.73	23	四川省	47.75	–0.89
8	黑龙江省	1406.71	125.50	24	贵州省	146.46	86.70
9	上海市	--	--	25	云南省	573.05	159.90
10	江苏省	1568.43	382.76	26	西藏自治区	--	--
11	浙江省	3030.52	999.79	27	陕西省	5071.94	376.59
12	安徽省	1033.31	343.60	28	甘肃省	12408.57	3846.27
13	福建省	1373.83	163.59	29	青海省	863.44	6.18
14	江西省	663.37	162.54	30	宁夏自治区回族	1994.00	–537.75
15	山东省	1652.04	–500.68	31	新疆维吾尔自治区	1694.94	173.82
16	河南省	291.52	179.44				

第四章　基础设施建设

中央6号文件要求各级政府将国有林场基础设施建设纳入同级政府建设规划，加大对林场水、电、讯、路、房等基础设施建设的投入。2017年，国有林场基础设施建设以国有林场改革为抓手，加强生产、生活设施和道路、水电设施的改造与升级，林场场容场貌发生巨大变化，国有林场形象显著提升，职工精神面貌明显改观。

一、生产、生活设施建设

（一）危旧房改造

2017年，全国国有林场新建和维修改造林场场部、分场、管护站所危旧房面积11557户（图4-1）。广西壮族自治区全区国有林场危旧房改造工程进展基本顺利，被列为2017—2019年全国3个管护用房建设试点省份之一，2017年安排的95套6502户建设任务已开始开工建设；河南省弯沉高危旧房改造1539户，改善了国有林场林区职工的生活条件；四川省对29个林场1230户进行了新建及维修改造。

（二）管护站点用房建设

2017年，国家林业局场圃总站争取中央基础设施投资3亿元，在内蒙古、江西和广西3省（自治区）启动了国有林场管护站点用房建设试点。重庆市全市国有林场改造危旧房管护站点3.6万平方米。湖南省现有2610个护林点，共计73.8万平方米危旧护林房已经纳入规划。宁夏回族自治区建设完成国有林场管护用房 9863 平方米。

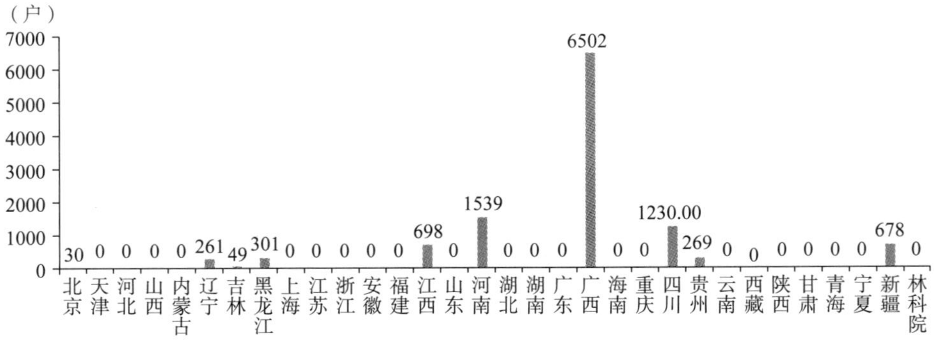

图 4-1　全国国有林场危旧房改造完成情况

二、道路及水电设施建设

（一）道路建设

2017 年，全国各省（自治区、直辖市）林区道路建设通过纳入地方公路网建设规划、国有贫困林场扶贫资金建设等渠道，2017 年完成新建、硬化、维修林区生产生活道路 12434.25 千米，解决了职工、家属及代管村农民的出行难问题（图 4-2）。吉林省国有林场共新建、维修林区道路及防火通道 2005.6 千米；宁夏回族自治区通过国有林场改革，19 个市、县（区）将国有林场道路纳入公路规划或建设计划，新修建林业生产道路 1500 千米。

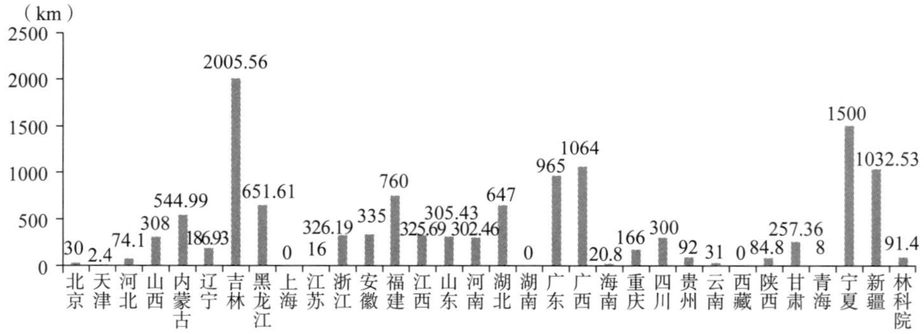

图 4-2　全国国有林场林区道路建设完成情况

（二）解决饮水安全和饮水困难人口

2017 年，全国各省（自治区、直辖市）解决饮水安全和饮水困难人口基本情况详见图 4-3。建设设施包括打机井、修建泵房、蓄水池、铺设输水管道、自来水改造、净化水设备、防渗渠、引水管线、闸压井、新建涵洞等。全国国有林场共解决饮水安全和饮水困难人口 96812 人。其中，重庆市新建蓄水池 7100 立方米，修建管线 40 千米，解决 2.5 万人的饮水安全和饮水困难问题。

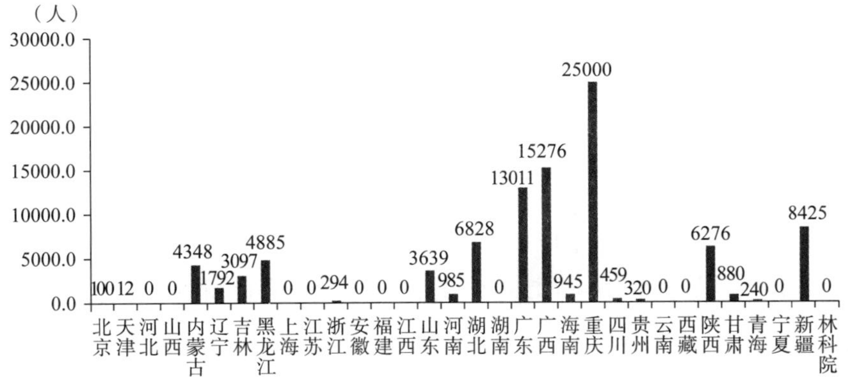

图 4-3　全国解决饮水安全和饮水困难人口基本情况

（三）电力设施建设里程

2017 年，全国各省（自治区、直辖市）国有林场电力设施建设里程基本情况详见图 4-4。建设内容包括架设高压线、架设 220V 民用线路、新建变压器、新建太阳能供电、新建太阳能路灯等。全国国有林场共架设电力设施里程 2744.64 千米。其中，宁夏回族自治区通过电网改造纳入当地经济社会发展总体规划，架设电力设施 327 千米；新疆维吾尔自治区新架设变压器 15 套，架设 220 V 供电线 196.2 千米，新建太阳能供电 63 套。

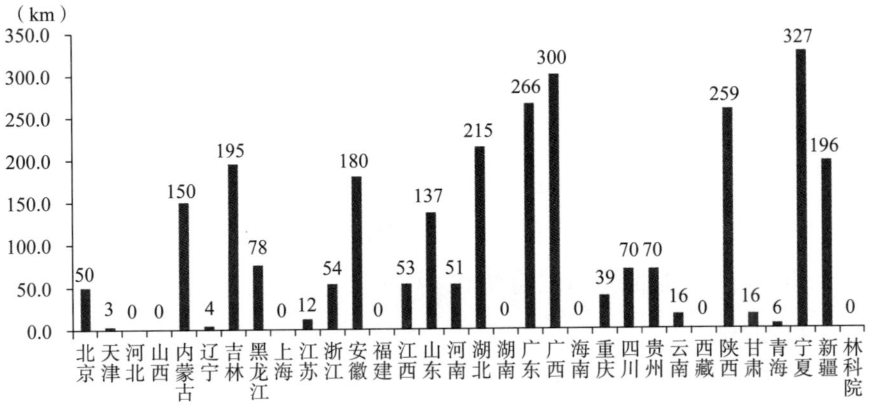

图 4-4　全国国有林场电力设施建设里程

三、省级基础设施建设典型

（一）重庆市狠抓基础设施建设，生产、生活条件显著改善

重庆市借助改革的契机，加大协调和督导力度，坚持多措并举，增加投入，持续改善国有林场基础设施条件。通过积极争取市级改革补助资金，2017年争取市财政安排市级国有林场改革补助经费9400万元，重点用于建设防火道路等国有林场基础设施建设。

继续实施林区基础设施建设项目，争取当年市财政安排国有林场基础设施建设资金1500万元，用于改善林区基础设施条件，资金额度较上年提高15%。此外，通过加强沟通协调，积极争取市交通委员会将林场公路纳入交通3年提升计划。协调市能源局和市电力公司，将国有林场供电升级改造纳入农电改造范围。

2017年，全市国有林场改造危旧房管护站点3.6万平方米，修建林场道路166千米，新建蓄水池7100立方米，修建管线40千米，建设电力线路39千米，安装森林资源视频监控140套，新铺设光纤网络119千米，林场基础设施和信息化建设得到进一步加强。

（二）安徽省国有林场基础设施建设得到持续改善

安徽省国有林场基础设施建设多措并举，取得明显成效。

一是将国有林场基础设施建设纳入地方发展规划。按照中发〔2015〕6号文件和皖发〔2016〕13号文件精神，安徽省各地政府已将国有林场发展纳入当地经济社会发展规划，将国有基础设施建设纳入同级政府建设计划。省林业厅将国有林场发展和建设纳入全省“十三五”林业发展规划，在现有专项资金渠道内，加大对林场森林经营、森林防火、管护站点用房、有害生物防治等基础设施建设的投入。

二是加快完成国有林场危旧房改造工程扫尾任务。实施国有林场危旧房改造工程，极大改善了全省林场职工居住条件，提高了林场职工从事营林生产积极性。继续推进祁门查湾采育场职工危旧房改造项目，力争2018年年底交付使用。

三是纳入“十三五”农村饮水安全巩固提升规划。2015年以来，全省国有林场通过实施农村饮水安全工程，解决了国有林场3万多名职工及家

属不安全饮水问题，在此基础上，该工程又纳入了“十三五”农村饮水安全巩固提升规划。

四是加快实施林区道路、防火专用道等基础设施建设。一年来，全省各地不断加强国有林场基础设施建设，新建和维修林区道路 335 千米电网建设和改造 180 千米。

（三）福建省国有林场基础设施建设取得新突破

根据中央和福建省有关国有林场改革精神，指导各设区市国有林场编制“十三五”国有林场基础设施建设规划，并做好与当地政府有关部门对接工作，将国有林场的路、水、电等基础设施纳入当地政府建设规划。除县属国有林场全部纳入地方公路网建设外，省属国有林场的道路建设支持政策取得进展。到 2017 年底，各级林业部门已会同交通部门完成了省属国有林场道路摸底调查，全省国有林场经营区内现有道路 4472 千米。其中，已建成投入使用 2971.9 千米，已纳入地方公路网规划尚未硬化建设的 621.7 千米，其余 878.8 千米经积极协调，省交通厅已正式复函，明确要求各地将其中的 759.6 千米纳入地方公路网规划，林区道路建设工作取得了实质性进展。

（四）湖南省国有林场基础设施建设稳步推进

一是启动国有林场公用危旧房改造工程。湖南省为改善国有林场职工生产生活条件，对全省国有林场公用危旧房情况进行了调研，在摸清林场公用危旧房现状的基础上，确定全省现有 2610 个护林点 738265.05 平方米。其中，急需维修加固 286645.82 平方米、急需新建 385084.9 平方米。就国有林场公用危旧房情况积极与住建厅协调，上报纳入国家规划。

二是充分利用改革政策，积极争取将国有林场到工区的公路纳入《国有林场道路建设发展规划》。配合省交通厅完成了全省国有林场林区道路建设发展规划，除了新纳入行业管理的 2 个国有林场外，其余 214 个国有林场、1082 个分场（工区）全部纳入规划。规划明确，通场部为三级公路，通分场（工区）为四级公路。联合交通厅向交通运输部、国家林业局上报了《关于支持湖南省国有林场分场（工区）通沥青水泥路的请示》（湘交纵规〔2017〕243 号）。

第五章　扶贫工作成效

2017年，通过积极争取资金和政策支持，国有贫困林场扶贫工作取得良好成效，加快推进国有贫困林场脱贫攻坚步伐，为实现2020年国有贫困林场脱贫奠定了坚实的基础。

一、政策支持

（一）国家林业局印发扶贫工作的通知

2017年4月，国家林业局印发《关于进一步做好国有贫困林场扶贫工作的通知》（林场发〔2017〕25号），要求各省（自治区、直辖市）林业厅做好“核实国有贫困林场名单、制订精准扶贫实施方案”的精准定贫、科学谋扶工作；做好“加快推进国有林场改革，重点支持特色产业发展，推动实施异地搬迁，着力加强技能培训，实行政策兜底”等精准施策、率先脱贫工作。同时要求做好落实领导责任制，强化考核监督和宣传工作。

（二）国有贫困林场扶贫工作绩效考评办法印发实施

根据《中共中央 国务院关于打赢脱贫攻坚战的决定》精神，国家林业局办公室印发《国有贫困林场扶贫工作成效考评办法（试行）》，从扶贫目标、资金管理、扶贫效果、扶贫效益和扶贫管理等5个方面，对省级林业主管部门国有林场扶贫工作进行绩效考评，考评将持续到2020年，每年开展一次，为确保到2020年实现国有贫困林场全面脱贫提供了重要保障。

2017年，首次对各省份的国有贫困林场扶贫工作实施了绩效考核评价，落实中央财政国有林场扶贫资金 5.5 亿元，比上年增加 0.5 亿元。浙江省已于 2017 年实现全面脱贫，落实 2016 年国有林场危旧房改造任务 6505 户，中央补助资金 6505 万元，基本完成了 55 万户危旧房改造任务，成为林场民生事业中最大的亮点。

（三）拨付国有贫困林场扶贫资金

2017 年，国家林业局首次对各省份国有贫困林场扶贫工作实施了绩效考核评价，对国有贫困林场进行了精准帮扶。通过考评落实对 859 个国有贫困林场的 872 个立项项目进行帮扶，落实省级配套资金 7544.2 万元，市、县（市、区）配套 2237.84 万元，林场自筹 10312.27 万元（表 5–1）。帮助国有贫困林场完善生产生活条件，改善工作用房、安全饮水、通电、通讯、道路交通等基础设施落后问题。

表 5-1 国有贫困林场扶贫项目配套及扶贫资金分配情况

	扶持林场（个）	扶持项目（个）	省级配套（万元）	市、县配套（万元）	林场自筹（万元）
北京	0	0	0	0	0
天津	0	0	0	0	0
河北	31	45	1094	111	227
山西	27	27	0	0	0
内蒙古	36	36	0	50	363
辽宁	39	41	0	0	688
吉林	33	38	0	0	273.38
黑龙江	16	16	0	0	153.87
上海	0	0	0	0	0
江苏	27	27	888	0	120
浙江	13	13	0	0	0
安徽	26	29	335	0	226
福建	0	0	0	0	0
江西	54	54	0	0	3286
山东	53	60	1100	455	220.94
河南	93	62	378	169.8473	145.19

	扶持林场（个）	扶持项目（个）	省级配套（万元）	市、县配套（万元）	林场自筹（万元）
湖北	76	78	0	162	328
湖南	13	13	50	200	342
广东	28	28	0	0	0
广西	25	26	400	300	212
海南	4	5	220	0	0
重庆	20	25	404	400	483
四川	29.00	32.00	2375.20	0.00	166.68
贵州	27	28	300	0	0
云南	47	47	0	40	1650
西藏	2	2	0	0	93.1
陕西	14	14	0	40	70.44
甘肃	50	50	0	80	35.4
青海	20	20	0	230	0
宁夏	19	19	0	0	1145
新疆	37	37	0	0	83.56
中国林科院	0	0	0	0	0

二、扶持林业特色产业发展

全国各地从实际出发，依托林业资源优势，因地制宜，积极发展种植、养殖、森林旅游等林业特色产业。2017 年，全国国有林场依托扶贫项目和资源优势，营造经济林 440.6 公顷，培育珍稀树种 72 公顷，造林及低产林改造 2474.7 公顷，新建和改造苗圃 301.9 公顷，发展林下种植业 1576.9 公顷，建设速生丰产林（速丰林）基地 5757.9 公顷。

（一）福建省通过速生丰产林及森林人家助推精准脱贫

福建省 2017 年安排生产经营性项目 15 个，补助资金 1111 万元，主要用于速生丰产林（以下简称速丰林）改造培育 1427.5 公顷，新造速丰林基地 236 公顷。通过加强培育森林资源，增强了贫困林场造血功能，增加了经济收入。同时，发展森林人家助推精准扶贫，贯彻落实福建省纪委精准扶贫监督“1+X”推进会精神，积极开展森林旅游对贫困户帮扶工作，鼓励有条件的地方积极利用森林景观开展森林旅游，对符合条件的森林人家予以授牌，对基础设施与接待服务水平有提升的森林人家开展评星。一年来，新增森林人家 58 处，新增三星级以上称号的森林人家 14 处。全省森林人家共帮助 69 户贫困户解决就业问题，涉及贫困人口 200 多人，户均增收达 7000 多元。森林人家旅游收入将超过 8 亿元。

（二）河南省发展林业特色产业帮助脱贫

1. 积极发展种植业和养殖业

嵩县王莽寨林场在北沟空地种植新品种桑葚 10 余亩，桑葚采摘、桑叶餐饮加工等桑制品深加工已初见成效；深加工的橡子醋饮和橡子食用醋产品得到了好评；利用韩王坟、天池北峰、摞摞石空地种植百合 200 余亩，2~3 年可见效益。国有通许林场严格按照无公害种植规程种植水果，2017 年酥梨、桃总产量突破 70 万千克，人均收入 3.5 万余元，已成为当地重要的水果生产基地。

国有西寨林场继续调整林业种植结构，南地分场引进的 100 亩日光棚栽培油桃现已初步显现经济效益，800 亩优质黄桃基地现已进入盛果期，销售额突破 100 万元。河湾分场引进种植的 150 亩优质樱桃、100 亩晚秋黄梨也初步实现经济效益，销售额突破 40 万元；唐屯分场引进种植的优质葡萄 150 亩，现已初步产生经济效益。同时，利用林间散地种植的紫穗槐面积突破 2000 亩，种植药材 800 亩，红薯 2000 亩，谷米 400 亩，年产值超过 700 万元。

国有大寺林场大乘山无公害山野菜、原生态山蜂蜜、散养山柴鸡、波尔山羊养殖基地、晚秋黄梨采摘园等都为当地林农带来了可观的经济收入，并吸纳大量社会富余劳力，改善民生，促进稳定。

2. 探索发展苗圃产业

平顶山市国有舞钢林场利用现有的苗圃地，培育桂花、红叶石楠、广玉兰等各类绿化苗木，并安排专人进行苗木销售，信息推广。全年销售各种规格桂花、红叶石楠等苗木 800 多棵，销售收入 15 万元。国有襄城县林场为盘活林场经营，2017 年在紫云镇张庄村新租苗圃地 170 亩，进行绿化和经济优良苗木的培育。现已育有大红袍花椒 35 亩，预计可出圃苗 100 万株。国有原阳林场建设刺槐苗圃，项目总投资801万元。第一期工程已竣工验收。第二期工程中央资金400万元，配套61万元。2017年春季100亩繁殖圃区建设已全面完工验收。

3. 大力发展森林旅游产业

国有金刚台林场推动西河景区生态旅游建设，全年累计接待国内外游客45万余人次，门票收入4500万元。国有新县林场加快金兰山国家森林公园建设，已申报国家AAAA级旅游景区。国有息县林场2017年申报并成功入选“中国森林体验基地”的命名。

国有禹州市林场在禹州市植物园园区内设置健康步道3条，总长度为6467米；建成自行车慢行系统应急避险配套设施和社会主义价值观示范点；安装健身器材30多件；制作安装园内智能树木铭牌、引导标识、安全警示、健康宣传等标牌935块；提升牡丹园、海棠园、桂花园、月季园、名人园等科普展览区。

国有五马寺林场大力协助白云山旅游公司成功创建了省级旅游度假区、河南省服务标准化示范单位，顺利通过了ISO9001质量管理体系认证，全年实现入园人数突破45万人次，收入3963.88万元。国有舞钢林场在森林公园范围内，已经成功开发二郎山、灯台架两个景区，现已完成投资1080万元，修筑旅游步道16千米，建设生态厕所3座。森林旅游效益已初见成效。

（三）江西、山西等省积极开展森林特色小镇建设和探索

江西省根据国家林业局办公室《关于开展森林特色小镇建设试点工作的通知》（办场字〔2017〕110号）要求，下发了《关于开展国有林场森林特色小镇资源情况调查和国家建设试点申报工作的通知》，组织有条件的国有林场进行申报。经筛选，推荐了铜鼓县茶山生态公益型林场、贵溪市双圳林场、安福县明月山林场、井冈山自然保护区大井林场等4个国有林场作为国家森林特色小镇建设试点单位。同时，配合国家林业局场圃总站开展了《全国“森林小镇”评价体系和发展指数研究》专题调研，进一步探索国有林场森林特色小镇建设模式。为国有林场林业产业的转型发展，带动富余劳动力精准脱贫探索了新模式。

山西省大力发展森林康养产业，省林业厅积极启动省直林区森林康养试点。2017年4月，组织相关人员赴全国森林康养先进省份四川省进行考察学习，交流学习先进经验。邀请国家林业局、中国林业科学院、北京市

园林绿化局、浙江医院等全国知名专家前往山西授课。组织全国森林康养首席专家、国家林业局对外项目合作中心专家先后深入到关帝、吕梁、中条、太岳等4个林业局的8个林场，就省直林区森林康养试点基地（候选地）选择、规划、建设及森林康养点与面结合进行现场考调研，为山西省森林康养项目提供理论支持。

山西省从省直林业局推荐的138处森林康养基地中遴选出100处基地。组织规划编制人员深入现场，编印了500册招商引资项目建议书，并在全省旅游发展大会上进行了推广宣传。为助力全省启动黄河、长城、太行的文化、旅游、新闻三大板块建设，开展了太行山系4个林业局10处康养基地的前期总体规划。到2017年底，已与山西国信集团签署战略合作协议，总体规划到2020年前，力争建成15处以上森林康养基地；到2035年前，力争建成100处森林康养基地。

（四）陕西省多措并举为百姓创收

陕西省国有林场把通过产业发展带动百姓脱贫作为林场工作的一件大事来抓，除了大力发展森林旅游外，还积极发展森林康养、种植、养殖和加工等产业，2017年实现自营收入9.14亿元。森林旅游业全年接待2044万人次，旅游收入8.3亿元；种苗花卉业全年共完成育苗1.73万亩，生产各类苗木4791万株，实现年销售收入1252万元，苗木品种大幅增加，质量进一步提高，已形成生态林种苗、用材林种苗、经济林种苗、园林绿化种苗协调发展的良好态势；累计营造核桃、板栗、花椒等各种干杂果经济林1.25万亩，实现年销售收入168万元；全年国有林场利用丰富的林下资源，种植中药材等作物累计达2281万亩，香菇保有量0.2万袋，木耳及其他食用菌保有量0.65万袋（架），实现年销售收入214.2万元；养殖猪、羊、鸡等畜、禽存栏0.63万头（只）、土蜂3935箱，实现年销售收入226.85万元；其他加工业、商贸服务业等项目实现年销售收入6546.71万元。有力推动了国有贫困林场精准脱贫。

（五）重庆市等通过森林旅游和种植业推动脱贫攻坚

重庆市在确保国有森林资源不减少、国有资产不流失的前提下，积极鼓励发展森林旅游等特色产业，盘活国有林场森林资源，有12个国有林场引入资金参与国有林场发展森林旅游等，引进资金超12亿元。2017年，依托国有林场森林资源，全市国有林场林业产业总产值达到10.9亿元，其中，森林旅游人数1167万人，森林旅游产值10.7亿元，林场实际收入1127万元。发展种植业4.4万亩，种植业产值700万元。养殖业产值659万元，林产品加工204万元，职工发展林下经济收入450万元。

甘肃省扶持建设苗圃45.9公顷，栽植经济林30公顷，修建森林旅游景观景点8处，发展林下种植7.2公顷；扶持举办营林造林技术培训班3期，培训人员243人次，通过学习，提高了国有林场职工的技术水平，增强了营、造林能力。

三、省级扶贫工作典型

（一）安徽省国有贫困林场扶贫工作取得新成效

安徽省国有贫困林场扶贫工作通过多方努力取得显著成效，明确要求将国有贫困林场纳入扶贫工作计划，进一步加大贫困国有林场扶贫力度。2017年，中央财政对国有林场的扶贫资金是1413万元；2017年度安徽省财政对国有林场扶持发展的资金总额为335万，省林业厅将森林抚育、国家储备林、林木良种基地等项目重点向国有林场倾斜。具体成效如下。

一是进一步精准识别国有贫困林场。2017年5月，按照安徽省委、省人民政府和国家林业局关于扶贫工作的相关文件精神，在全省范围内组织开展国有林场贫困程度信息调查，通过8个指标量化核算，精准掌握了全省100个国有林场的贫困程度。

二是进一步加强对扶贫项目监管督查。坚持“谁主管、谁负责”的原则，省林业厅组织对国有贫困林场中央扶贫资金项目开展全面检查，同时注重引导各地进一步强化项目质量意识和效益意识，把扶贫项目做成脱贫解困的示范项目。

三是积极做好结对扶贫工作。开展祁门、休宁、金安3县（区）扶贫联系县的帮扶工作；深入到界首扶贫联系户，开展结对帮扶送温暖活动。

（二）福建省国有林场实现全面脱贫有望

2017年，经福建省各级部门的积极努力，国有林场精准脱贫工作取得突破性进展，扶贫攻坚成效明显。在中央财政扶贫资金的大力扶持下，经过上下一心的扶贫攻坚，省属国有贫困林场数量已从 100 个下降到 9 个。2018 年省属国有林场可望全面脱贫。具体成效如下。

一是加强对扶贫项目的督查。对 2016 年底仍未完成中央扶贫资金使用的 21 个国有林场的场长、林场处主任进行约谈，督促有关林场加快实施进度，确保扶贫项目实施成效。经约谈的 21 个国有林场中，已有 18 个国有林场全面完成扶贫项目任务，未完成的 3 个国有林场扶贫项目因涉及基础设施建设，审批程序较复杂，但已进入施工程序，预计可以在 2018 年初完成。

二是发展森林人家助推精准扶贫。贯彻落实安徽省纪委精准扶贫监督“1+X”推进会精神，积极开展森林旅游对贫困户帮扶工作，鼓励有条件的地方积极利用森林景观开展森林旅游，对符合条件的森林人家予以授牌，对基础设施与接待服务水平有提升的森林人家开展评星。据统计，新增森林人家 58 处，新增三星级以上称号的森林人家 14 处。全省森林人家共帮助 69 户贫困户解决就业问题，涉及贫困人口 200 多人，户均增收达 7000 多元。森林人家旅游收入将超过 8 亿元。

（三）甘肃省国有林场扶贫攻坚扎实推进

甘肃省认真落实国家林业局关于做好 2017 年国有贫困林场扶贫工作的部署要求，以国有林场改革为契机，对近年来国有贫困林场扶贫项目进行了全面检查评估，明确了未来一个时期国有林场扶贫工作思路与重点。争取落实中央财政国有贫困林场扶贫资金 2336 万元，在严格审查，认真筛选的基础上，对全省 11 个市（州）以及白龙江林业管理局、小陇山林业实验局等省属单位的 50 个国有贫困林场扶贫开发项目进行了扶持。

到 2017 年底，共新建和维修贫困林场场部、管护站及职工危旧房 6312 平方米，硬化院坪 3533 平方米，修建围墙 775.3 米；新建、维修林区道路及防火通道 62.8 千米，修筑水毁堤坝和水渠 7 千米，修建桥梁 4 座，涵洞 6 个；铺设输供水管道 0.4 千米，建设饮水工程 3 处，泵房 1 处，蓄水池 1 个；新建和改造输电线路 3.2 千米，配置安装供电设备 2 套，电视接收设备 35 套，供暖设施 35 套；建设改良苗圃地 110 亩，培育经济林 200 亩。

同时，严格执行国家和省上关于国有林场扶贫资金管理规定，健全完善了扶贫项目工作台帐与监督检查制度，动态监测扶贫项目资金的使用与管理，切实保证扶贫资金使用效益。

（四）湖南省全面加强国有贫困林场脱贫攻坚工作

湖南省大力推进国有贫困林场精准扶贫工作。2017年，中央财政分两批下达湖南省国有扶贫专项资金共计2920万元，根据湖南省人民政府办公厅《关于推进贫困县统筹整合使用财政涉农资金工作的实施意见》（湘政办发〔2016〕53号）的要求，85%的专项资金根据省扶贫开发办、省财政厅明确的涉农资金扶贫指标、权重，按因素发准确测算分配至51个贫困县（市、区），剩余15%的专项资金428万元分配下达到13个国有贫困林场，用于场部改造等基础设施建设项目，省级财政配套扶贫资金50万元。为确保国有贫困林场如期实现全面脱贫，还制定了《湖南省国有贫困林场精准扶贫方案（2017—2020）》。

同时，推动森林旅游助推精准扶贫工作。全省以森林旅游为主导产业，融合林下种养、森林人家、加工销售等多种产业，搭建精准扶贫平台，带动贫困人口走上脱贫致富的道路；探索了张家界"旅游+茶叶"、新化"全域森林旅游"、雪峰山"森林旅游+农户"等精准扶贫模式。

（五）吉林省精准圆满完成国有林场扶贫任务

吉林省将国有林场扶贫工作纳入全省扶贫开发和全面脱贫攻坚工作中，落实国有贫困林场配套扶贫资金2519.38万元。其中，中央资金2246万元，地方配套资金273.38万元，扶持贫困林场33个，扶贫项目38个。全省国有林场扶贫项目共新建、维修林区道路及防火通道21.79千米，维修危旧房和林区管护用房1991.06平方米，林场院内地面绿化硬化2990平方米；发展特色经济林、林下药材和菌类2390.85亩，建设苗木基地335亩；新建木材加工厂1个，黑木耳加工车间1个，发电站1座。

坚持精准扶贫、精准脱贫方针，各地从林场实际出发，依托资源优势、挖掘资源潜力，因场施策，积极开展种植、养殖、森林旅游等林业产业，有效安置了部分富余职工，化解国有林场改革压力，又增加了林场经济实力，提高了职工收入，形成了改革与扶贫双赢局面。东部山区国有林场充分利用当地自然资源大力发展种植业，广泛开展特色产业经营，带动职工多，投资见效快，得到职工广泛认可，充分调动了职工脱贫致富积极性。

（六）新疆维吾尔自治区突出精准扶贫惠及林场百姓

2017 年中央财政下达新疆维吾尔自治区国有贫困林场扶贫资金 2271 万元，自治区林业厅根据《新疆维吾尔自治区国有林场（站）扶贫“十三五”实施方案（2016—2020 年）》进行项目资金安排，共扶持 37 个国有贫困林场，重点扶持国有林场水、电、路等基础实施建设。其中，南疆 4 个地（州）扶持 15 个国有林场，分配资金 912 万元，占资金总额的 40%。

扶持南疆 4 个地（州）用于安全饮水提升项目 7 个，投资 402 万元；通电及电网改造项目 5 个，投资 405 万元；管护站点维修 2 个，投资 45 万元；林场特色林果产业发展 1 个，投资 60 万元。共维修管护站 940 平方米，修建林区道路 1032.5 公里；共打饮水井 8 眼。解决了 189 户 8425 人的安全饮水问题；新架设变压器 15 套，架设 220V 供电线 196.2 千米，新建太阳能供电 63 套；安装供暖设施 5 套、主管道 2 公里，并配备循环泵、室内供暖及其他配套设施。

第六章　能力建设

2017 年是全面落实国有林场改革省级方案阶段，各级国有林场管理部门和组织机构通过培训交流、信息化建设、组织系列活动，进一步提高了国有林场的能力水平，调动了国有林场职工的积极性，为国有林场改革发展注入了新的活力和动力。

一、培训交流

（一）国有林场场长培训班

2017 年 3 月，根据国家林业局 2017 年培训计划安排，国家林业局管理干部学院印发《关于举办 2017 年国有林场场长培训班的通知》（林干培字〔2017〕5 号），决定与国家林业局场圃总站联合举办 3 期国有林场场长培训班。第一期培训班于 2017 年 4 月在山东淄博原山林场举行，学习原山率先改革发展、不断打造优势和现代化管理等经验。第二期于 6 月在河北承德举行，学习积极推进国有林场改革、整合提升森林资源管护能力等经验。第三期于 7 月在北京市西山试验林场举行，学习改革发展和森林公园建设等经验。

2017 年 4 月，第二十五期国有林场场长培训班一行 105 人到淄博市原山林场考察森林资源保护、防火建设和国有林场改革。培训班一行先后来到山东原山艰苦创业教育基地和现场教学点，通过听取工作人员详细介绍原山改革和发展情况，学习了原山林场发展改革取得的巨大成就和原山精神。

（二）山西省举办国有林场中长期发展规划编制培训班

2017 年 5 月，山西省国有林管理局、山西省林业调查规划院联合举办了山西省国有林场中长期发展规划（2016—2025 年）编制培训班，山西省各市(林业局)分管林场改革工作的局领导，负责规划编制工作的科(站)长、林业调查规划院(队、站、中心)负责人及具体编写人员共计约 100 人参加培训。

培训班要求培训人员要认识规划编制的重要性。国有林场中长期发展规划编制是贯彻落实中共山西省委、山西省人民政府关于印发《山西省国有林场改革实施方案》(晋发〔2016〕9 号)等一系列重要文件精神的重要举措；规划的编写要与山西省“十三五”林业发展规划、各市、县国有林场改革实施方案、山西省森林经营规划等内容相衔接；规划的编制要体现前瞻性、客观性，紧密结合实际，并按投资渠道分清资金来源；培训结束后，各市(林业局)抓紧召开会议安排部署，规划编制完成后要组织相关专家进行评审后 6 月底前上报。

2017 年是国有林场改革攻坚之年，编制规划是山西省国有林场改革工作的重点之一；是国家和省级评估验收的重要指标；是深入推进国有林场改革，全面落实国有林场改革发展目标的重要途径；是建立高效、透明、科学、有序的国有林场现代管理体系的重要载体。培训班为山西国有林场中长期发展规划编制的高质高效完成提供有力保障。

二、信息化建设

（一）举办信息员培训班

2017 年 6 月，国家林业局国有林场和林木种苗工作总站根据国家林业局办公室《关于印发 2017 年干部培训班计划的通知》（办人字〔2017〕48 号），与国家林业局管理干部学院举办第一期国有林场改革与信息员培训班。培训班对国有林场改新形势与任务，国有林场改革创新举措及鲜活经验等进行培训和交流。8 月 28 日至 9 月 1 日，举办了第二期国有林场改革与信息员培训班。培训班对国有林场改革新形势与任务、国有林场改经验交流、国有林场财务制度解读、国有林场森林特色小镇建设等有关政策进行了解读，对国有林场管护站建设政策和规模化林场建设经验进行了交流。

（二）湖北省双竹林场建立楠木资源保存库信息管理平台

2017 年 5 月，湖北省竹溪县国有双竹林场基于测树仪、照相机、GPS、平板电脑、宣传牌、标示等设施设备，搭建了竹溪楠木资源保存库信息管理平台。

楠木为国家二级重点保护濒危树种，竹溪县的金丝楠木在 324 种楠木中最为名贵，被誉为中国木材瑰宝，曾在修建北京故宫时被征用。竹溪县现存一处成片的野生金丝楠木林，胸径 10~100 厘米的楠木达 144 株，楠木树龄最长的已超过 600 年。

搭建楠木资源保存库规范化信息平台，对进一步开展楠木树种种质资源收集、保护、研究、利用将起到积极的推动作用。下一步，林场将对每株楠木植物特性进行实地调查、登记，采集标本等，并把各种基础数据录入信息管理平台，建立规范化楠木资源电子信息档案。

（三）重庆市启动“智慧林场”建设试点

为进一步提高森林资源保护和管理能力，提升森林资源的合理利用水平，重庆市启动了基于物联网大数据的“智慧林场”建设试点。“智慧林场”是基于物联网大数据的一个综合性平台，通过对林业相关数据的收集，实现林业资源数据管理“一张图”，在此基础上，可实现防火、防盗、防虫、负氧离子等生态效益实时监测、古树名木管理等众多功能。管理者和巡护人员通过红外线探测器、手持 GPS、手机、对讲机等，不仅能快速发现森林火灾，还能通过“智慧林场”平台，了解到周边人员活动情况、水源情况、易燃易爆危险物情况，为及时有效火灾扑救提供决策依据。

“智慧林场”的建设不仅限于林业系统内部使用，未来，市民通过下载“林信通”APP，可通过手机查看相关数据，还可在林业图书馆中了解林业相关知识、手机扫一扫鉴别各类植物、查看各地负氧离子实时监测数据、查看各地森林人家床位和设施设备情况等，为市民旅游出行提供参考。

三、全国国有林场职业技能竞赛

全国国有林场职业技能竞赛是激发改革活力，提升森林质量，提高管理绩效的品牌活动。2017 年 7 月，国家林业局办公室、中国就业培训技术指导中心、中国农林水利气象工会全国委员会联合下发《关于举办 2017 年中国技能大赛——全国国有林场职业技能竞赛的通知》（办场字〔2017〕111 号），9 月，该职业技能竞赛在山西省岚县举行。全国国有林场职业技能竞赛是林业行业规模最大的全国性技能大赛，是提升国有林场人才队伍职业技能、助推国有林场改革、提升森林质量的重要平台。

本次技能竞赛中，山西省黑茶山国有林管理局中寨林场孙二文、湖北省太子山林场管理局任国福和山西省黑茶山国有林管理局马坊林场张永清分别荣获个人一等奖。黑龙江尚志国有林场管理局小九林场李宁等 12 名参赛选手荣获个人二等奖。

四、“良凤江杯”演讲大赛

2017 年 6 月，国家林业局办公室、中国农林水利气象工会全国委员会联合下发《关于举办 2017 年“良凤江杯”全国国有林场思想政治工作主题演讲大赛的通知》（办场字〔2017〕96 号），10 月在广西南宁树木园举行了大赛预赛，12 月在北京举行了“学习十九大和塞罕坝精神，推动国有林场改革发展”为主题的半决赛和决赛，52 名参赛选手讲述了精彩的改革故事，激发了改革正能量。

第七章　宣传与文化建设

中央6号文件印发以来，国家林业局通过在人民日报、新闻联播、焦点访谈等主流媒体上大力宣传国有林场改革，在电视、报纸、网站、微信公众号等各类媒介上对国有林场改革及发展进行广泛传播，并在多家报纸、网站、期刊上对国有林场改革进行头版、专刊报道，引起了全社会的广泛关注和热烈反响。同时，通过开展“国有林场十大最美内刊甄选”、发掘推广国有林场干部职工先进事迹和典型案例、挖掘一线职工随笔文化等活动，极大地促进了国有林场的文化建设水平，增强了国有林场改革宣传力度和社会影响力。

一、宣传与报道

（一）塞罕坝精神和事迹得到广泛传播大力弘扬

2017年8月，习近平总书记对河北塞罕坝林场建设者感人事迹作出重要指示，指出，55年来，河北塞罕坝林场的建设者们听从党的召唤，在“黄沙遮天日，飞鸟无栖树”的荒漠沙地上艰苦奋斗、甘于奉献，创造了荒原变林海的人间奇迹，用实际行动诠释了绿水青山就是金山银山的理念，铸就了牢记使命、艰苦创业、绿色发展的塞罕坝精神。他们的事迹感人至深，是推进生态文明建设的一个生动范例。

习近平总书记强调，全党全社会要坚持绿色发展理念，弘扬塞罕坝精神，持之以恒推进生态文明建设，一代接着一代干，驰而不息，久久为功，努力形成人与自然和谐发展新格局，把我们伟大的祖国建设得更加美丽，为子孙后代留下天更蓝、山更绿、水更清的优美环境。

2017 年，塞罕坝先进事迹报告团在北京人民大会堂和全国 9 个省份进行了 10 场巡回报告，塞罕坝林场成为生态文明建设的生动范例，在国内外得到空前地广泛传播和大力弘扬。中共中央政治局委员、中宣部部长刘奇葆说，塞罕坝林场建设实践是习近平总书记关于加强生态文明建设的重要战略思想的生动体现，要大力弘扬塞罕坝精神，加强生态文明建设宣传，推动绿色发展理念深入人心，推动美丽中国建设。

3 代造林人半个多世纪的持续奋斗，让贫瘠沙地变成绿水青山。2017 年 12 月 5 日，联合国环境规划署宣布中国塞罕坝林场建设者获得 2017 年联合国环保最高荣誉——“地球卫士奖”，这是联合国表彰世界各地杰出环保人士和组织的最高奖项。

（二）中华全国总工会授“全国工人先锋号”

中华全国总工会授予一批集体全国工人先锋号，国有林场系统的辽宁省大连市金州林场牛角山分场、浙江省淳安县林业总场姥山分场、湖北省红安县老君眉茶场茶叶制作车间 3 个集体获得了这一殊荣。

2017 年 6 月 8 日，国家林业局副局长刘东生在北京接见了这 3 个获奖集体代表，代表国家林业局向获奖集体表示祝贺。3 个获奖集体的先进事迹充分体现了强化管理、科技创新、服务大局的特点，始终坚持走林木资源保护、提升森林质量、加强质量管理以及活化管理机制的发展之路，始终坚持走生产科研于一体、良种选育、品种更新、专利发明的创新之路。同时，要求全国林业系统，特别是国有林场广大干部职工要以 3 个集体为榜样，大力弘扬拼搏精神、创新精神、工匠精神，积极投身到国有林场改革中，为国有林场改革出力献策，为国有林场发展建功立业。

（三）《榜样——周恩来的故事》到云南省海口林场拍摄

为纪念周恩来同志诞辰 120 周年，中央文献研究室和江苏省广播电视台联合摄制 6 集纪录片《榜样——周恩来的故事》，摄制组于 2017 年 2 月到云南省昆明市海口林场取景拍摄。

1964 年 3 月 3 日，周恩来总理结束亚非欧 14 国访问，回到昆明后亲手栽下一株油橄榄树苗。周总理希望在特殊困难时期，大力发展油橄榄，改善我国食用油供应匮乏的局面，解决老百姓面临的实际问题。这棵象征着“中阿友谊”的油橄榄树苗，具有特别纪念意义，牵动着众人的心。

此次《榜样》剧组主要对海口林场周恩来总理栽种的油橄榄树、昆明林业展览馆、总理铜像、浮雕进行了取景宣传，并采访了当年亲身参与过总理到海口林场植树活动的两位老同志戴汝昌、赵芝韵。摄制组对海口林场的爱国主义、红色革命教育意义，以及林场60年来从一片荒山建成绿水青山的艰苦创业历程和取得的生态文化建设成绩表示充分肯定，认为非常值得在全国宣传推广。

多年来，海口林场围绕着周总理种下的油橄榄树，大力发展生态文明建设，建成了昆明林业展览馆、榨油坊、总理铜像、浮雕、放映厅等，每年接待市民参观约7万人次，较好体现了的文化传播功能和社会教育价值，先后荣获了“国家生态文明教育基地”“全国十佳林场”“云南省文明单位”“云南省科学普及教育基地”“云南省三生教育实践基地”“昆明市爱国主义教育基地”等近百项荣誉称号，成为昆明市乃至云南省的国有林场改革示范点。

（四）媒体记者宣传交流会

2017年12月11日，国家林业局召开了国有林场改革新闻通气会，向人民日报、新华社等30余家知名媒体通报了国有林场改革的进展情况。同时，召开“百名记者进林场”活动优秀作品评选表彰会，组织有关专家评选“百家媒体、百名记者进林场”活动优秀作品，编印《绿水青山、生态脊梁——“百家媒体、百名记者进林场”报道文集》。

二、先进事迹和典型案例

（一）塞罕坝机械林场先进事迹报告团在贵州举行

2017年9月7日上午，由中央宣传部、国家发改委、国家林业局、中共河北省委联合主办的塞罕坝机械林场先进事迹报告巡讲会在贵州省委大会堂举行。贵州贵阳市成为报告团全国巡讲的首站，贵州省委各部委、省级国家机关各部门、各人民团体、省直机关和贵州省宣传、林业系统等部分干部职工共650人参加巡讲会。

报告团成员用朴实无华又饱含深情的话语，多角度、多层次地讲述了塞罕坝机械林场3代人55年坚持坚守、不离不弃，让沙漠变绿洲、荒原变林海的感人故事。“树倒了，还能扶起来。林子毁了，还能种出来。只要人不倒，塞罕坝就不会倒。”“思念是林，绵延成海，在那高高的望火楼上，您是一个人还是一棵树？”“树，是塞罕坝人的眼珠子、命根子。”“这片绿水青山，已经成为真正的金山银山！”……塞罕坝机械林场的造林事迹引发了与会人员的热烈探讨，林业系统干部职工纷纷表示，那些困难、考验、苦难，对于林业人来说会更加深有体会，就像时空置换了一样，会让人想起贵州林业人在造林绿化过程中的点点滴滴。在那样艰苦卓越的条件下，塞罕坝人一代又一代，从风华正茂干到白发苍苍，献了青春献终身，献了终身献子孙，始终无怨无悔，才有了今天的绿色林海绿色传奇。如果没有坚定的理想信念，没有对林业事业的激情和梦想，是不可能坚持的。而塞罕坝的理想信念、塞罕坝人的激情和梦想，也是贵州林业人所拥有的，他们将始终不忘初心、苦干实干，实现“绿满山河”。

（二）35家“2017中国最美林场”

2017年9月5日，中国林业文学艺术工作者联合会、中国林场协会联合公布35家“2017中国最美林场”名单。分别是：吉林省蛟河林业实验区管理局、吉林省磐石市江南林场、吉林省通化县石湖林场、安徽省潜山县天柱山林场、福建省福清市灵石国有林场、广东省佛山市云勇林场、广西壮族自治区桂平市国营金田林场、广西壮族自治区南宁树木园、黑龙江省山河屯林业局凤凰山森林经营所、黑龙江省柴河林业局宏声林场、黑龙江省萝北县太平沟林场、湖北省太子山林场管理局、湖北省宜昌市国有大老岭林场、江苏省国营东台市林场、江苏省常熟市虞山林场、辽宁省桓仁满族自治县和平林场、内蒙古自治区鄂温克族自治旗维纳河林场、内蒙古自治区牙克石市国营林场、江西省安福县明月山林场、江西省景德镇市枫树山林场、江西省永丰县官山林场、江西省信丰县金盆山林场、江西省贵溪市双圳林场、青海省互助土族自治县北山林场、浙江省宁波市林场、浙江省庆元县庆元林场、山西省永济市国营林场、山西省管涔山国有林管理局高桥洼林场、山西省襄垣县老爷岭国有林场、吉林森工集团露水河林业局四湖林场、黑龙江省大兴安岭地区二十八站林场、黑龙江省大兴安岭地区阿木尔林业局龙河林场、黑龙江省大兴安岭地区图强林业局奋斗林场、吉林长白山森工集团八家子林业局先锋林场、吉林长白山森工集团和龙林业局广坪林场。

中国最美林场每年推荐一次，推荐范围包括事业性质的国有林场、企业性质的国有林区林场及民营林场。推介活动一年一个主题，2017 年主题为“大美森林 生态财富”，重在展示森林美景，实现生态旅游资源共享。推介活动开展以来，共有 18 个省（市、森工集团）推荐了 43 家林场作为候选单位，并最终推选出 35 家林场为“2017 中国最美林场”。

三、职工随笔

（一）云南昌宁为爱坚守的林业职工段融男

当命运的暴风雨袭来时，她咬牙挺住，当生活的重担压在她柔弱的肩膀上时，她的头从未低下。她 7 年如一日，用爱坚守承诺，用行动延展爱心。她，就是段融男，一个用“小爱”彰显“大爱”的女人。

段融男于 1979 年出生在云南省昌宁县城一个普通的家庭，1998 年 12 月参加工作，是一名普通的林业职工，她工作顺利，家庭和睦幸福，作为独生子女的她，是爸爸的掌上明珠，是老公心疼宠爱的宝贝，引得同龄人的羡慕。然而，天有不测风云，2010 年 5 月 31 日，在昌宁县建设局从事设计工作的丈夫祁腾飞在工作中突发疾病，经县人民医院诊断为脑干出血，后转住保山市人民医院重症监护室治疗 54 天，6 月份转入北京军区医院治疗，2011 年 1 月 29 日转回昆明四十三医院治疗，2012 年 5 月 29 日转回保山市人民医院治疗，2014 年 1 月 11 日转回昌宁县人民医院治疗至今。

俗话说，夫妻本是同林鸟，大难临头各自飞。但面对家庭的不幸，段融男并没有选择退缩，尽管生活很艰辛，但她始终咬紧牙关，收起那软弱的内心，日复一日、年复一年坚强地支撑着整个家，细心照顾着重病的丈夫。

在外地接受治疗期间，作为妻子，她寸步不离地守护在丈夫身旁，不管丈夫能不能听到，她都坚持每天跟他说话，帮丈夫擦洗、翻身、按摩，不等喘口气，又要用管子喂药和喂食。虽然有护工帮忙，但她还是尽可能自己做，把丈夫照顾得无微不至。在丈夫昏迷半年多的时间里，从没有因为护理不当引起并发症，她用实际行动诠释了作为妻子的责任、义务和满满的爱。

家里的顶梁柱倒了，生活的困难和艰辛可想而知，可是面对困难她选择了坚强和承受，7 年多来默默地承担照顾丈夫的义务，含辛茹苦地抚养女儿，力尽所能地孝敬年迈的父母和公婆。她，长得并不高大，却用自己柔弱的肩，撑起家庭一方晴空，带给亲人生活的希望。

段融男说，“认识老祁是上天赐予的缘分，我会一直守着他，等他康复了，我要他带着我们全家走遍全世界”，她相信，只要有爱和希望，一切都会好起来。她始终不离不弃，精心护理，服侍如初。作为人母，她勇敢的支撑起家庭，用心呵护着女儿健康成长，不管手头多么拮据，生活多么艰辛，她总是用她那浓浓的大爱、宽广的胸怀、无私的责任操持着整个家。

刚开始那几年，丈夫的病情很不稳定，时常收到医院的病危通知书，让她接回家里照顾，但她从未放弃治疗，她坚信丈夫不会丢下她们母女离开，在她的一次次坚持下，丈夫也一次次挺了过来。

她坚信自己能唤醒自己的丈夫，在她心里始终认着一个死理：“他是我的丈夫，我不能离开他”，为了这个承诺，她付出了常人难以想象的艰辛。也许是她的爱感动了上天，在经过了漫长的照顾、等待甚至绝望之后，她的爱和坚守终于创造了奇迹，她丈夫的病情逐渐有所好转并趋于稳定，虽然还不能言语、吞咽、行走，也没有生活自理能力，但让她看到了希望，她坚信丈夫总有一天能站起来。确实，甜蜜不是爱情的标尺，艰难才能映照爱情的珍贵，丈夫能奇迹般生还，是妻子段融男用一个传统中国女人最朴素的方法诠释了对爱人不离不弃的忠贞。

生活再苦再累，段融男始终没有过一句怨言，面对如同幼儿的丈夫，她的眼里依然满是爱意。给丈夫喂药，帮他护理，跟他讲话，给他讲故事，这些事她默默地做了一遍又一遍，她的期待是丈夫能够醒来，能够有知觉，能跟她说说话，能告诉她哪里不舒服。

段融男说“为了孩子，为了有一个完整的家，只要丈夫有一口气在，我就不离不弃……”她给丈夫熬鸡汤、骨头汤、鱼汤和做流食，在她精心照料下，丈夫终于有了进一步好转，不仅能点头摇头，气色也好转了许多，也有了思维，虽然不会说话，不会嚼食物，但这已经是奇迹了。经过日夜照料，现在丈夫虽然还不能动，不会说话，但是可以和她简单沟通了，照顾起来也方便了许多。她用爱将丈夫从死亡边缘救了回来，她说：“为了一个完整的家，再苦再累我也值得。”

提及自己难以坚持的过往，段融男说有一件事情是她终生不能忘记的。那是 2014 年的一个上午，她正在单位上班，突然接到学校老师的电话，说她女儿在学校肚子疼得厉害，让家长去接回来上医院看看。她急得差点连鞋都跑掉了，赶到学校接女儿，看到女儿疼得脸色煞白，自己也急得泪流满面。将女儿送去医院经过各种检查但查不出病因，医生建议住院观察或到上级医院做进一步检查，她吓得腿都软了。可她知道自己必须镇定，为了能照顾丈夫，她选择让女儿在县医院住院观察，她依然冷静的去交费、办入院、上楼下楼，此时她觉得自己简直就像具行尸走肉，但她告诉自己不能倒下。看着全身插满了管子的丈夫和不知什么原因肚子疼得要命在病床上翻滚的女儿，她感到了前所未有的心酸和无助，好在女儿通过近两个星期的住院治疗身体痊愈。

还有一次发生在2015年春节前，由于丈夫突然病情恶化，整个年她都是在医院度过的，那段时间她24小时陪在丈夫身边，根本没时间为老人和孩子做一顿饭，大过年的过得一点年样也没有，她对父母和女儿充满了内疚。每每说到这些心酸事，她都会红着眼说："照顾丈夫是自己的责任，主要是不知如何去感谢一路走来帮助过自己的亲朋好友、同事及好心人，是他们让我挺了过来。"

在工作上，她总是立足岗位、兢兢业业，精心干好每一项工作，出色地完成各项工作任务。她从不讲条件谈特殊，工作期间从未因个人原因影响过工作，家里的事情再多，她都会在上班时间准时的到达，以精益求精的态度做好手头的工作。2017年，她的女儿读初三，在中考前一天，孩子在教室前摔倒，造成右臂骨折，无法参与考试。面对孩子的病痛和对前途的担忧，她一边耐心地安抚孩子，一边积极陪孩子治疗，孩子打完针，她为丈夫送完饭做完相关护理，就匆忙的赶到单位，投入到工作中。有时深夜还在加班，一定要把自己的工作补上、做好做完，同事们都劝她先把家人照顾好，但她都说没事，然后笑笑做起手头的工作。她常说，"哭既然不能解决问题，那就只能用笑来迎接一切困难。"从她的身上，我们看到了重诚守诺、无私奉献的优秀品质；从她身上，我们更看到了热爱生活、迎难而上的坚强毅力和爱岗敬业、忠于职守的崇高精神，她用行动很好地诠释着林业人该有的品质。

她，正值青年，却失去了同龄人中丈夫对妻子应有的宠爱；她，日夜操劳，却不离不弃、多年如一日照料生活不能自理的丈夫；她，坚强不屈，用娇小的身躯抵御着一切"暴风雨"的袭击；她，用善良、纯真、磐石般的爱，书写了为爱坚守的壮美诗篇。

是啊，爱，并不是要挣多少钱，要有多深的海誓山盟，而是一生默默的关怀和不离放弃，段融男做到了，她用那无私的心和行动温暖着丈夫，感化着身边的每一个人。在未来的路上，等待她的，也许是对丈夫漫长的照顾；迎接她的，也许是依然琐碎的日子。但是这个坚强的、信守承诺的、有大爱的女人，未来的日子，一定会变得幸福和美好。不管前路有多艰难，她都会像一匹老马，虽没有驰骋千里，却能一步一步地背驮着大爱到达善良的顶峰。

（二）瞭望台的“哨兵”

2017 年 4 月 23 日，由于一次机缘巧合，我有幸跟随森林专业消防队覃队长到大窝瞭望台，见到了一位以瞭望台为家的“老哨兵”——黄才洪。

这位“老哨兵”现年 54 岁，自 2009 年应聘大窝瞭望台值班员至今，已经在此工作了整整 8 年。在一座不足 20 平方米的房间里，一台破旧的电视、一架望远镜、一个电话、一个记录本，这就是他全部的家当和工作内容。33 万亩的林地，林区内农户分散、流动人口多、车流量大，护林防火工作可谓量大面广。而每年开春林区农户的生产用火，“清明”期间人们祭祀扫墓的香火炮竹，节假日时游人赏景踏青的野炊烟火……这些，都是他需要监测与防范的对象。

为了林区安全，多年来他默默地蹲守在瞭望塔，长期的观察、对比和摸索，丰富了他监测火情的经验，更让他能熟练地区分茫茫林海中燃起的烟火，是生活用火抑或是森林火灾。也因为有了他的守护，8 年来林场的林区内再没发生过重大火灾。

但一个人的守护注定是寂寞的，寂静的山林里，有风雨声、虫鸣声、树叶的沙沙声……却终归缺少些人声。此时，瞭望台中的电视便是老哨兵了解外部的窗口，是寂寞中为他带去欢乐的“好伙伴”。可是，在 3 月时，这台陪伴他多年的电视却由于故障再也无法使用了。考虑到护林工作的艰辛，单位领导了解情况后便立刻同意购买新的电视机送到瞭望台，于是便有了这一次的采访行动。

海拔 500 多米的瞭望台，山路非常陡峭，驾驶摩托车从山脚来到瞭望塔需要 40 分钟。站在瞭望塔上，感受着“哨兵”的工作，虽说眼下鸟语花香，风景独好，堪称“会当凌绝顶，一览众山小”，可也有着不足为外人道的艰辛。闲暇时的各种消遣在那一片林海中只能是想象；墙边水桶中盛着的生活用水，需要从山下慢慢挑回，途中休息个四五次根本就不足为奇；一切饮食也需每隔几日便托人从山外购回，生活条件之艰苦可见一斑。

柏拉图曾说过，手里做着平凡得不能再平凡的小事，世间万千繁华便是源自每一个平凡者的默默付出。“老哨兵”展现的又何尝不是这个道理。他用对工作的执着与热情，独自面对寂静山岭。他远离人烟却心系责任，坚守着茫茫林海中的瞭望塔。他做着自己力所能及的每一件小事，而后在人们心中从平凡走向卓越。

一滴水，只有融入大海才不会干涸；一个人，只有融入单位，个人价值才会得到充分发挥。想想瞭望塔上那道坚定的身影，我们有什么理由不认真对待自己的工作和肩负的使命。要知道，我们在平凡之路上踏出的每一步，都在让我们多一分成就卓越的可能。

（三）重庆市武隆区仙女山：休憩的港湾

仙女山公园因其山有一峰酷似翩跹起舞的仙女而得名，公园拥有草场、森林、湿地、湖泊等旅游资源，是重庆周边最大的高山草原、国家AAAAA级旅游景区、全国“最具影响力森林公园”。

仙女山以其独具特色的地质地貌、青幽秀美的碧野景致、南国魅力的林海雪原、西欧风情的高山草原、引人入胜的天象景观、远古动人的仙女传说吸引广大游客，被誉为“东方瑞士”“南国牧原”“天然氧吧”“山城夏宫”。它与神奇的芙蓉洞、秀美的芙蓉江、千里乌江画廊、世界最大的天生桥群地质奇观组合成为重庆最佳旅游观光度假胜地。

仙女山国家森林公园总面积2339.70公顷，平均海拔1850米，最高海拔2033米，年平均气温11.2℃，属中亚热带湿润季风气候区，四季分明，气候温和，雨量充沛，在森林植被区划上属于亚热带常绿阔叶林区域，中亚热带常绿阔叶林地带。整个生态环境非常适宜动植物生长，故公园内动植物资源十分丰富，有高等植物119科609种，有野生动物5类25目58科181种。其中，有国家重点保护植物Ⅰ级2种、Ⅱ级8种、Ⅲ级7种，如珙桐、水杉、银杉、红豆杉、高山杜鹃等；国家重点保护野生动物Ⅰ级2种，Ⅱ级17种，如虎、云豹、金钱豹、金猫、大灵猫、小熊猫、黔金丝猴、黑叶猴、蜂猴、猕猴、毛冠鹿、羚羊、长尾雉、银雉、白腹锦鸡、红腹锦鸡、大鲵等。主要优势观赏树种中，乔木层天然林以杜鹃、木荷、栲树等为优势种，灌木层以映山红、山茶、涌竹为优势种，地被层为各类苔藓；各层植物种属多，生长量大，长势良好。各类花卉植被分布面积大，植株数量多，花期较长，观赏时段较长。其中，天然杜鹃林1000亩，蔷薇林2000亩，三叶草5000亩，野草莓2000亩，向日葵花海1000亩，厚朴林1000亩，高山茶园1700亩，油菜基地2000亩，极具观赏价值。

每到春季，生机悄悄从山腰弥漫至山顶，黄金的油菜花海、多彩的杜鹃花林、粉红的海棠花束、紫色的鸢尾花丛次递怒放，把仙女山点缀得花枝招展，银杏舒展手掌、珙桐睁开眼眸、猴群跃上枝头、白云飘荡蓝天、牧歌响彻林间——生机勃勃的景象，驱走了整个冬日的沉寂和寒意。

最好看的当数夏季，草原绿了、树林翠了、空气香了、游客人笑了，三叶草、绣线菊、蔷薇花、百合花、萱草花……绽放成绚丽多彩的花海，三三两两地牛马在草原随性地遛达，五颜六色的风筝在空中自由地翻飞，银铃般的笑声在林间肆意地回荡，眉开眼笑的年轻人在三叶草丛间寻找着爱的永恒；阵阵清风徐徐拂平浮躁的心绪，一切都是自由自在的，远离了尘嚣抛开了烦恼，连太阳都消褪了酷热，只有凉爽、只有惬意、只有心旷神怡。

最诱人的当数秋天，在这个丰收的季节，海棠果红了、蔷薇果熟了、银杏叶黄了、草原斑驳了、牛羊肥壮了，仙女山也成熟了。徜徉在向日葵花海间的情侣双双对对，收获着爱的成熟。仙女山的冬天是晶莹的、剔透的、清冽的，“忽如一夜春风来，千树万树梨花开”，一夜之间，玉树琼花、银装素裹就覆上了她的脸庞，成就了仙女童话世界、纯真世界，滑雪场上、林荫道间、通天塔旁、磨子沟边，爱运动的人、爱纯真的人、勇敢的人真正领略她的洁白无暇、她的雄伟壮观。

仙女山冬季最常见的当数红腹锦鸡，又名金鸡，是雉类中最美丽漂亮的一种，也是我国独有的珍贵品种。每当雪后初晴，在一片洁白中时时便能撞见只只漂亮的红腹锦鸡，时而敏捷、时而趔趄行走在雪地上，寻找觅食台上存放的饲料，听得车鸣声便迅速地扑向林间，还不忘记优雅地探头回望，此情此景，甚是赏心悦目。

仙女山有峭拔迷人的山峰、苍翠欲滴的林海、绿茵似毯的草甸、含烟凝碧的仙女池，尽展雄、奇、险、峻、秀、幽风情。仙女山四季风光各异。春日绿草如茵，林海苍茫，牛羊成群，一派生机；夏时清风送爽，幽谷鸟鸣，清凉宜人，一片葱茏；金秋天高云淡，草肥马壮，清风拂过，顿生“天苍苍，野茫茫，风吹草低见牛羊”之雄浑豪迈感；深冬银装素裹，白雪皑皑，仿佛进入冰雪童话世界。四时不同的风光，四季不同的风情，造就了众多的景观、景点，仙女山的林海、奇峰、草场、雪原历来被游客称为“四绝”。

仙女山目前共有景点50余处，已经开发开放20余处，主要有：仙女石、菩萨坨、狮子岩、侯家山庄、九把斧、四川省工农红军第二路游击队政治部旧址、林海、草场、漏斗、通天塔、露营基地、巴人村等。

传说，从前仙女山顶的仙女村有一个穷苦的牧童，为还父债成天给地主放牛割草。有一天，他放牧到一个叫做清水塘（现名仙女池）的地方，捡到一件华丽的衣衫，这时出现了一位妙龄女子，她羞涩地来到牧童的面前说衣衫是她遗失的。牧童将衣衫归还给女子。女子后来与牧童成亲了，她帮牧童放牧、缝补衣裳。财主知道牧童有位美丽的妻子后，想霸占为己有。可女子是仙女下凡，她巧施妙计杀了恶毒的财主，从此仙女村再也没有剥削，村民年年丰收。若干年后，仙女、牧童及他们的孩子就在仙女村外悬崖上化为三座山峰，屹立于悬崖之颠，守护着仙女村的平安，成为千百年来扶正祛邪的象征。

可惜在“5.12”大地震中，最像仙女的那座仙女石被拦腰震断，善良的村民们却说是仙女的爱心终于感动玉皇大帝，被招回天庭了。如今从仙女山后山上山，仍能看见相距不远的三座仙女石。

无论什么季节前来仙女山，都可以在仙女石畔寻仙女，或通天塔观日出、大草原中跑马赛车、原始森林科考探险、奇峰林海摄影写生、仙女池畔垂钓自乐、巴人村里寻古探幽、远观珍禽异兽、倾听幽谷鸣泉……徜徉绿色“天然氧吧”，回归大自然怀抱，身心俱澄澈，将世间所有烦恼皆忘却。

仙女山也是一个多民族聚居的地方，民俗文化独特厚重，独具少数民族风情的土家、苗族民风民俗等，构成了公园独特的人文观赏价值。

在仙女山地区，土家族、苗族结婚仪式非常隆重，在婚礼过程中，女儿要出门前必须哭嫁，通常村中未婚姑娘会一起陪哭，嫂子们劝解亦哭，统称“哭嫁”，实际是唱出嫁歌，这一传统习俗也被列入了非物质文化遗产。

仙女山耍锣鼓属于市级非物质文化遗产，是流行于仙女山民间的几种吹打乐器。以唢呐锣鼓为主、打击乐为辅的合奏艺术形式，曲目丰富、曲调优美、风格各异，具有浓郁的乡土气息和时代特色。因贴近时代、贴近生活、贴近群众，深受广大农村观众欢迎，丰富了百姓的文化生活。

吊脚楼为土家族人居住生活的场所，多依山势而建，呈虎坐形，以“左青龙，右白虎”，中间为堂屋，左右两边称为饶间，作居住、做饭之用。

饶间以中柱为界分为两半，前面作火炕，后面作卧室。吊脚楼上有绕楼的曲廊，曲廊还配有栏杆。

在仙女山这片奇山秀水的怀抱中，人与自然的融合，静态与动态的对比，历史与时髦的并存，民族与现代的共进，相映生辉，散发出独特的价值特性。

仙女山已开发的常规性娱乐项目有滑雪、滑草、仿真彩弹射击、高空滑索、标准赛车、山地越野车、跑马、实弹狩猎等。随着仙女山知名度的不断提升，游客量的持续增加，为满足游客求新求异的心理需求，仙女山公园的娱乐活动也不断完善，近年来尝试性地启动了一些游客参与度较高的自助活动，如国际户外运动公开赛、国际草原音乐节、露营音乐节、冰雪童话旅游季、雪山羊肉节、民族歌舞表演和自助体验等。这些活动极大地满足了游客融入自然、挑战自我的心理需要。

正在建设的仙女山游客接待中心、国际亚高山运动基地、室内滑雪场以及旅游支线机场必将推动仙女山国家森林公园向国际化、专业化精品景区方向快速发展。

仙女山公园在发展森林旅游的同时，充分发挥了富民强县的带动作用：鼓励周边村民因地制宜，结合森林旅游种植高山绿色蔬菜等农副产品入园销售，引导村民发展农家乐接待游客，吸纳符合条件的村民子女到公园就业，鼓励村民积极参与森林公园遛马等游乐项目经营活动，促进了村民增收致富。从仙女山公园发展至今，带动相关产业收入 20 亿元，每年解决间接就业人数达 2 万人。位于公园附近的仙女村，1994 年前是全县闻名的特困村，农民人均纯收入只有 569 元，仙女山开发以来，当地群众从事旅游服务，2011 年人均纯收入就已达 7250 元，实现了脱贫致富；在仙女山森林旅游快速发展的辐射带动下，2007 年县委、县人民政府在仙女山半山的石梁子村设立了仙女山镇，进行旅游地产开发，将一个面积不足 0.3 平方千米，人口不足 300 人的无名小村，仅仅用短短的 6 年时间，就建成了区域面积达 9.5 平方千米、人口达 3 万人以上的具有欧洲风情的美丽小镇和全市、全国著名的旅游度假区。

仙女山自开发建设以来，已接待中外游客 7000 余万人次，实现旅游直接收入 15 亿元，年带动就业 2000 余人。同时，通过森林旅游的带动也促进了当地群众观念的开放和更新，成为了“开发一座山，富裕一方人”的典范。

仙女山国家森林公园拥有得天独厚的森林旅游资源，正在向世人展示其独具的美学价值、科学价值、游憩价值和历史文化价值，必将成为中外游客休闲、度假、会议、科考、探险、闲居的首选。

（四）国有林场，改革下的蝶变

33岁了，还没成家，谈起婚姻大事为何成了老大难，湖北省红安县老君山林场职工张启贵一脸无奈，“一个月几百元的工资，又是在深山老林工作，相亲难啊！”

而刚刚完成的林场改革，让张启贵有了事业单位编制，从2017年元月起，他每月有2000多元的稳定收入。张启贵说，现在再去相亲，有了“底气”。

实现职工增收，正是国有林场改革的目标之一。

深化国有林场改革是党中央、国务院作出的部署。2015年8月，湖北省人民政府成立高规格的国有林场改革领导小组。2016年3月，省委出台《湖北省国有林场改革实施方案》。大员上阵，高位谋划，湖北省国有林场改革攻坚战全面打响。

到2017年底，湖北省各市（州、县）国有林场改革方案已全部通过本级政府审议，已有91个国有林场基本完成改革任务，占总数36%。预计2017年6月底全省可全面完成改革任务。

走出边缘化困境

湖北省现有250多家国有林场，每一个林场，都有一段辉煌的历史。红安老君山林场，面积6万亩，是目前黄冈最大的国有林场。场长黄清乐介绍，老君山林场是从天台山林场分出来的，天台山林场1956年成立，曾是省管正厅级单位，后下放为县代管。

应城市林业局长许明介绍，应城4个林场有3个是20世纪60年代省里投资设立的，以人工造林为主。20世纪80年代，省里还有投入，再以后就“断奶”了。“上头不给拨款，林场靠砍树、割松油为生。后来不准砍树、不准割松油，一部分职工自谋出路外出找工，一部分职工培育苗木维持生活”。“城里不要、乡里不管，林场基础建设滞后，农电改造、小农水建设、公路村村通等惠农项目，都把林场甩开了。”应城有名店林场场长樊莹说。

湖北省国有林场改革工作领导小组办公室主任、省林业厅厅长刘新池介绍，从20世纪五六十年代开始，国家在无林少林、高山远山、荒山集中连片地区兴办国有林场，按国家和省全额拨款的事业单位管理。从80年代初开始，国有林场管理权限逐渐下放，事业费不断缩减，逐步成为差额拨款事业单位，到90年代初，进一步转变为自收自支生产性事业单位，表现为"不城不乡、不工不农、不事不企"。国有林场陷入整天忙着"找饭吃"困境，政策边缘化、职工贫困化问题十分突出。据统计，2015年全省林场职工人年均收入只有2.67万元，仅为全省城镇非私营单位就业人员年平均工资的47.4%。部分国有林场至今还不通路、不通电、不通水。

无论从保障民生角度还是从生态建设角度，深化国有林场改革势在必行。

以生态为导向

"湖北省森林资源最丰富、森林景观最优美、生物多样性最富集的区域都在国有林场。全省37个国家级森林公园中，有35处是依托国有林场而建。"刘新池介绍。

孝感市委书记陶宏在审议国有林场改革实施方案时指出：改革后的12个国有林场，是全市的12颗明珠，是孝感人的乡愁，是重要的生态屏障，是创业精神、绿色文化传承的载体。

思想认识的高度决定了推进改革的力度。湖北省先行改革的试点市、县，均按中央和省文件精神，将国有林场明确为生态公益性事业单位，合理定编，全额拨款保障。

红安县是黄冈市林场最多、面积最大的县。红安按每1200亩配备1人进行定编，县里5个国有林场共核定事业编制138人，新成立了正科级事业单位——国有林场管理中心，定编12人。"为消化存量，编制到人到岗对象限定在林场原有正式职工范围，并通过竞聘上岗确定。以后自动减员有了空编，再面向社会招聘进人。"红安县林业局副局长吴建军介绍。

推进整合重组，剥离办社会职能，瘦身减负，保证改革后的国有林场高效运转。

按省政府指导意见，平原、丘陵县（市）一般保留1个林场，山区县市2至4个。监利县将4个林场及县林科所、县实验苗圃整合为一个国有林场，下设3个附属分场，其机构、人员、资产、财务全部合并。应城市将4个国有林场整合为一个总场，确定为公益一类事业单位。孝感市成立国有林场管理机构，由市林业局对整合后的12个国有林场实行统一监管。

全省国有林场所办的16所学校、34个医疗机构将全部移交属地人民政府管理。代管的106个村中，有86个村已移交属地乡（镇）管理，其余村3年内创造条件逐步移交。

改革需要成本，钱从何处来？在中央财政补助的基础上，湖北省省级财政按照每人1万元的标准安排补助资金，按照林地每亩1元的标准安排工作经费。各市、县也加大财政投入。“搞就搞彻底，不留尾巴。”红安县人民政府主动承担起国有林场改革资金兜底责任，缺口部分由县级财政统筹解决。

应城市完善以购买服务为主的公益林管护机制，落实森林管护经费，按每亩每年50元核算，年度管护经费130万元列入财政预算。

嘉鱼县将国有林场工作经费纳入县财政预算。

据测算，仅国有林场人员保障经费，全省各市、县财政每年净增经费在4亿元以上。增强生态功能是林场改革的出发点和落脚点。定位的明确，经费的足额保障，让国有林场从过去忙着“找饭吃”转到专心护生态。

分流不下岗

改革，难点是“人往哪里去”“老来由谁养”。湖北省国有林场改革确立以人为本指导思想，让职工平等享受改革带来的红利。对于富余职工，不搞强制性买断，不搞一次性下岗分流。

红安县有5个国有林场，现有职工710人，其中在职职工326人。“分流不离场，转岗不下岗”，他们采取提前退休、购买服务、内部转岗等方式妥善安置183名富余职工。落实野外特殊工种可提前退休政策，对男满55周岁、女满45周岁的林场职工办理了退休手续，消化39人。通过政府购买公益林管护社会服务，安置富余职工28人。其余人员通过事企分开、发展林业特色产业安置。该县在县城划拨土地50亩，整合各林场万亩高山有机茶资源，投资6000万元，组建了老君眉茶科技文化园，优先安置林场职工转岗就业。

养老保险全覆盖，不落一人。红安县的5个林场共欠1200多万元社保规费，现全部补齐。编制内人员参加机关事业养老保险和职工医疗保险。职工家属及长期临时工按国家政策分别纳入企业职工养老保险和城乡居民养老保险。

嘉鱼县财政拨付400万元作为林场改革配套资金，解决富余人员安置及养老金公缴部分等支出。

监利县将林场改革范围的105名职工全部纳入事业单位职工养老保险。

应城市采取老人老办法、新人新办法，确保林场职工全员参加医保。

据了解，改革前，全省有17%的国有林场职工没有参加基本养老保险和基本医疗保险，现在全部进入保险。国有林场改革，实现了资源增长、林场增效、职工增收目标。应城市国有林场以前职工月收入只能拿到档案工资的30%、40%，不少职工被迫离场打工。改革后，在外打工的回来了。林场临时工转岗成为政府购买岗位的护林员，每月也有2100元收入。

附 录

附录 1 2017 年国有林场改革监测林场名单

监测省份（10）	监测林场（94）
河北（7）	河北省木兰围场国有林场管理局五道沟林场、邯郸市漳河林场、承德市狮子沟林场、承德市隆化县茅荆坝林场、承德市青龙满族自治县都山林场、石家庄市井陉县辛庄林场、保定市涞水县桑园涧林场
吉林（8）	吉林省辉南森林经营局、长春市净月开发区国有林总场（原长春市净月实验林场）、大安市芦苇管理总站（原大安市芦苇管理总场）、大安市国有林总场（原大安市舍力机械林场）、公主岭市国有林总场（原公主岭市桑树台林场）、临江市国有林总场（原临江市六道沟林场）、通化县国有林总场（原通化市通化县石湖林场）、汪清县国有林总场（原延边州汪清县西大坡林场）
浙江（6）	宁波市林场、杭州市淳安县林业总场、温州市永嘉县四海山林场、衢州市开化县实验林场、丽水市白云山生态林场、丽水市庆元县实验林场
福建（7）	福建省洋口国有林场、福建省闽清白云山国有林场、福建省霞浦杨梅岭国有林场、三明市尤溪国有林场、龙岩市长汀楼子坝国有林场、漳州市诏安国有防护林场、南平市政和国有林场
江西（11）	景德镇市枫树山林场、贵溪市双圳林场、九江市武宁县营林林场、萍乡市莲花县玉壶山林场、吉安市永丰县官山林场、吉安市安福县明月山林场、吉安市泰和县天湖山林场、吉安市吉水县芦溪岭林场、吉安市吉安县九龙林场、宜春市袁州区国有林场、新余市分宜县昌山林场
山东（10）	山东省国有药乡林场、济南市历城区国有柳埠林场、青岛市崂山区国有崂山林场、泰安市国有徂徕山林场、烟台市国有昆嵛山林场、淄博市鲁山林场、莱芜市莱城区国有华山林场、聊城市莘县国有马西林场、潍坊市临朐县沂山林场、临沂市平邑县国有万寿宫林场
湖南（10）	长沙市浏阳市大围山林场、株洲市炎陵县青石冈林场、衡阳市南岳区南岳林场、邵阳市绥宁县寨市林场、张家界永定区猪石头林场、郴州市苏仙区五盖山林场、永州市宁远县九嶷山林场、怀化市溆浦县中都林场、娄底市双峰县黄龙林场、湘西州古丈县高望界林场
广东（11）	广东省连山林场、广东省龙眼洞林场、韶关市曲江林场、惠州市象头山林场、清远市小龙林场、佛山市云勇林场、东莞市清溪林场、云浮市同乐林场、梅州市五华县鸿图嶂林场、韶关市乐昌市龙山林场、肇庆市怀集县金鸡林场
四川（9）	攀枝花市国营林场总场、峨眉山市林场、泸州市合江县福宝林场、宜宾市宜宾县隆兴森林经营所、眉山市洪雅县林场、广安市邻水县四海山林场、巴中市南江县大坝林场、西昌市四合林场、达州市达川区铁山林场

（续）

监测省份（10）	监测林场（94）
甘肃（15）	甘肃省白龙江林业管理局洮河林业局大峪林场、甘肃省白龙江林业管理局迭部林业局腊子口林场、甘肃省白龙江林业管理局舟曲林业局憨班林场、甘肃省小陇山林业实验局党川林场、甘肃省小陇山林业实验局滩歌林场、甘肃省小陇山林业实验局左家林场、甘肃省小陇山林业实验局龙门林场、庆阳市华池林业总场豹子川林场、庆阳市合水林业总场连家砭林场、庆阳市湘乐林业总场桂花塬林场、庆阳市正宁林业总场西坡林场、张掖市寺大隆林场、陇南市岷江林业总场黄家路林场、庆阳市环县四合塬林场、武威市天祝县华隆林场

附录 2　省级国有林场主管部门监测指标体系

监测指标	监测内容			单位	数量	填写说明
政策法规	出台省级国有林场改革发展文件			个		
	出台省级综合性法规、规章或政策性文件（包含国有林场内容）			个		
资金保障	中央投入国有林场改革发展资金（包括财政、发改两个渠道下达的资金）			万元		实际到位资金
	省级投入国有林场基础设施建设专项资金			万元		实际到位资金
	省级安排国有林场改革专项资金			万元		实际拨付资金
	省级国有林场改革工作经费			万元		实际到位资金
	市 / 县投入国有林场改革发展资金			万元		实际到位资金
管理能力	组织宣传	召开省级国有林场改革会议		次		包括工作会议
		领导（省部级以上）到国有林场调研		名		
		在省级以上主流媒体报道国有林场改革事迹		次		
		调研报告、典型经验等获得省部级以上领导批示		次		
		举办国有林场培训班		次		
		省级国有林场管理机构变化情况	机构级别	增强 / 不变 / 弱化		
			机构职能			
			工作人员			
		国有林场（正科级以上）比例		%		
	单位定性	国有林场数量		个		
		公益一类林场		%		
		公益二类林场		%		
		企业性质林场		%		
	人员定编	国有林场在职职工人数		人		
		国有林场在岗职工人数（占在职职工人数）		人（%）		
		国有林场离退休职工人数（占总职工人数）		人（%）		
		企业性质国有林场人员编制数		个		
		公益二类国有林场人员编制数		个		
		公益一类国有林场人员编制数		个		

（续）

<table>
<tr><th>监测指标</th><th colspan="3">监测内容</th><th>单位</th><th>数量</th><th>填写说明</th></tr>
<tr><td rowspan="8">管理能力</td><td rowspan="8">资源监管</td><td rowspan="3">国有林场经营面积</td><td>国有林地</td><td>万亩</td><td></td><td rowspan="8">根据当年年底资源统计数据填报</td></tr>
<tr><td>集体林地</td><td>万亩</td><td></td></tr>
<tr><td>非林地</td><td>万亩</td><td></td></tr>
<tr><td rowspan="4">国有林场森林面积</td><td>有林地</td><td>万亩</td><td></td></tr>
<tr><td>公益林</td><td>万亩</td><td></td></tr>
<tr><td>国家级公益林</td><td>万亩</td><td></td></tr>
<tr><td>天然林</td><td>万亩</td><td></td></tr>
<tr><td colspan="2">国有林场森林蓄积</td><td>万立方米</td><td></td></tr>
</table>

附录 3　国有林场改革效果监测指标体系

监测指标	监测内容		单位	数量	填写说明
管理体制	林场性质（公益一类、公益二类、企业性质）		–		公益一类 =3；公益二类 =2；企业性质 =1
	管理层级		–		省属 =3；地市属 =2；县属 =1
	林场级别		–		正处 =6；副处 =5；正科 =4；副科 =3；正股 =2；副股 =1
	财政拨款比例		%		
	财政拨款进度		%		
	事业编制数		个		
	在职职工人数		人		
	在岗职工人数		人		
	离退休职工人数		人		
经营机制	政府购买生态公益林管护服务情况		元		购买管护服务金额
			万亩		购买管护服务面积
	岗位设置情况	管理岗位数量	个		请按人社部门批准的数据填写
		专业技术岗位数量	个		
		工勤技能岗位数量	个		
	人才队伍建设情况	培训人次	人		
	新进人员情况	政策性安置	人		
		公开招聘	人		
		其他	人		请注明具体进人方式
民生改善	在职职工年平均工资		元		
	退休职工年平均工资		元		
	在职职工参加基本养老保险情况		人		
	退休职工参加基本养老保险情况		人		
	在职职工参加基本医疗保险情况		人		
	退休职工参加基本医疗保险情况		人		
	分流安置职工情况	通过政府购买服务从事森林管护抚育	人		此类别安置人员
		由林场提供特色产业等工作岗位	人		此类别安置人员
		有针对性的职业技能培训引导部分职工转岗就业	人		此类别安置人员
		其他	人		请注明具体安置方式

（续）

监测指标	监测内容		单位	数量	填写说明
历史遗留问题	债务	金融性债务	万元		金融性债务＋非金融性债务＝森林经营债务＋森林管护债务＋发展产业债务＋解决职工工资和社会保障债务＋其他债务
		非金融性债务	万元		
		森林经营债务	万元		
		森林管护债务	万元		
		发展产业债务	万元		
		解决职工工资和社会保障债务	万元		
		其他债务	万元		请注明具体债务内容
	办社会职能	场办医院	所		
		场办学校	所		
		场带乡村数量	个		
		场带乡村人数	人		
森林资源	经营面积	国有林地	万亩		
		集体林地	万亩		
		非林地	万亩		
	森林面积	有林地	万亩		以森林资源二类调查数据为准，公益林面积请填写林场公益林总面积
		公益林	万亩		
		国家级公益林	万亩		
		天然林	万亩		
	森林蓄积		万立方米		
	造林面积		万亩		
	森林抚育面积		万亩		
	发生森林火灾面积		万亩		
	有无乱砍滥伐现象		–		有／无
	是否建立森林资源的档案		–		是／否
	是否建立森林资源管护责任制		–		是／否
	有无发生流转林地（包括对外作价入股、合资合作、租赁、抵押、担保和转让）		–		有／无
			万亩		如有，流转面积是多少
	有无发生林地被调拨（指被划归其他部门管理）现象		–		有／无
			万亩		如有，调拨面积是多少

（续）

监测指标	监测内容			单位	数量	填写说明
森林资源	有无发生林地被征占用现象			–		有 / 无
				万亩		如有，征占用面积是多少
	有无林权纠纷			–		有 / 无
	有无发生林地被村集体、农民等侵占现象			–		有 / 无
				万亩		如有，侵占面积是多少
产业发展	木材采伐量		主伐	立方米		
			抚育采伐	立方米		
	产值结构	第一产业产值	林木育种与育苗	万元		
			造林和更新	万元		
			森林经营和管护	万元		
			木竹材采运	万元		
			经济林产品的种植与采集	万元		
			其他	万元		请注明具体来源
		第二产业产值		万元		
		第三产业产值		万元		
		其中：森林旅游		万元		
支撑政策	财政投入			万元		指各级财政投入
	其中：基本建设投入			万元		
	社会投入			万元		

注：“–”指没有单位，按照填写说明填写相应指标。

附录 4　国有林场森林生态功能等级监测指标体系

评价因子	×× 林	×× 林	×× 林	×× 林	×× 林
林分面积（调节项）					
林分类型（调节项）					
森林蓄积量					
森林自然度					
群落结构					
树种结构					
林分平均高					
郁闭度					
植被总覆盖度					
枯枝落叶厚度等级					

说明：请各林场根据本场情况，选取 3 个以上代表性林分（XX 林表示具体林分名称）填报。具体填报详见《国有林场森林生态功能等级监测指标填报参考说明》。

附件：国有林场森林生态功能等级监测指标填报参考说明

评价因子	等级划分标准			
	等级 I	等级 II	等级 III	
森林自然度	I, II	III, IV	V	
群落结构	完整结构	较完整结构	简单结构	
树种结构	类型 6、7	类型 3、4、5	类型 1、2	
森林蓄积量	>=150（m^3/hm^2）	50–140（m^3/hm^2）	<50（m^3/hm^2）	请填具体数值
林分平均高	>=15.0 m	5.0–14.9 m	<5.0	
郁闭度	>=0.7	0.40–0.69	0.20–0.39	
植被总覆盖度	>=70%	50%–69%	<50%	
枯枝落叶厚度等级	厚	中	薄	

自然度： I- 原始或受人为影响很小而处于基本原始状态的森林类型

II- 有明显人为干扰的天然林或处于演替后期的次生林

III- 人为干扰很大的次生林，除先锋树种外，也可见顶级群落树种出现

IV- 人为干扰很大，演替逆行，处于极为残次的次生林阶段

V- 人为干扰强度极大且持续，地带性森林类型几乎破坏殆尽，处于难以恢复的逆行演替后期，包括各种人工林类型

群落结构： 完整结构 – 具有乔木层、下木层、地被物层 3 个层次的林分

较完整结构 – 具有乔木层和其他 1 个植被层的林分

简单结构 – 只有乔木 1 个植被层的林分

树种结构：类型 1- 针叶纯林（单个针叶树种蓄积 >=90%）

类型 2- 阔叶纯林（单个阔叶树种蓄积 >=90%）

类型 3- 针叶相对纯林（单个针叶树种蓄积占 65-90%）

类型 4- 阔叶相对纯林（单个阔叶树种蓄积占 65-90%）

类型 5- 针叶混交林（针叶树种总蓄积 >=65%）

类型 6- 针阔混交林(针叶树种或阔叶树种总蓄积占 35%-65%)

类型 7- 阔叶混交林（阔叶树种总蓄积 >=65%）

植被总覆盖度：指某一地域植物垂直投影面积与该地域面积之比，用百分数表示

枯枝落叶厚度：枯枝落叶厚度分厚、中、薄 3 个等级。厚≥ 10 cm；中 5-9 cm；薄＜ 5 cm

附录 5　国有林场职工监测指标体系

监测指标	监测内容		单位	2017 年	填写说明
基本情况	隶属林场		–		
	姓名				
	性别				
	年龄		岁		
	受教育程度		年		
	家庭总人口		人		
	其中：外出务工人员		人		
	管护林地面积		亩		职工本人管护的林地面积
就业	就业状态（在岗 / 待岗 / 离退休）		–		
	岗位类型		–		4= 管理岗； 3= 专技岗； 2= 工勤岗； 1= 其他
收入	个人实际到手工资收入（不含社保）		元 / 年		
	家庭总收入				
	家庭纯收入（扣除生活支出）				
	个人工资外收入	农林业经营性收入			种植、养殖、渔业收入等
		其中：林业经营性收入			
		服务类经营性收入			森林旅游、农家乐等收入
		外出务工收入			
		财产性收入			利息、股息、土地征用金等
		转移性收入（其他）			抚恤金、财政补贴资金等
社会保障	参保情况	是否参加养老参保	–		1= 是；2= 否
		参保类型			1= 企业型保险；2= 事业型保险；
		是否参加医疗保险			1= 是；2= 否
		参保类型			1= 城镇职工；2= 城镇居民； 3= 新农合
	个人缴纳养老保险		元 / 年		
	个人缴纳医疗保险				
改革政策的满意度和政策需求	改革政策满意度		–		5= 很满意；4= 较满意 3= 一般； 2= 不太满意；1= 不满意
	政策需求		–		

附录 6　2017 年度全国十佳林场

（1）北京市云蒙山林场

（2）河北张家口市宣化林场

（3）山西省关帝山国有林管理局吴城林场

（4）内蒙古乌兰坝林场

（5）辽宁桓仁和平林场

（6）吉林双辽市实验机械林场

（7）黑龙江哈尔滨市丹清河实验林场

（8）江苏连云港市连云区墟沟林场

（9）浙江省宁波市林场

（10）安徽滁州市三界国有林场

（11）福建省上杭白砂国有林场

（12）江西省景德镇市枫树山林场

（13）山东荣成市国有成山林场

（14）河南省西峡县木寨林场